미디어 교육 인식 연구

미디어 교육 인식 연구

초판 1쇄 펴낸 날 2018년 5월 25일

지은이 | 김대희
펴낸이 | 김삼수
편 집 | 신중식 · 김소라
디자인 | 최인경

펴낸곳 | 상상박물관
등 록 | 제318-2007-00076호
주 소 | 서울시 강남구 선릉로93길 34 청진빌딩 B1
전 화 | 0505-306-3336 팩 스 | 0505-303-3334
이메일 | amormundi1@daum.net

ISBN 978-89-93467-35-2 93370

※ 이 도서의 국립중앙도서관 출판예정도서목록(CIP)은 서지정보유통지원시스템 홈페이지(http://seoji.nl.go.kr)와 국가자료공동목록시스템(http://www.nl.go.kr/kolisnet)에서 이용하실 수 있습니다.(CIP제어번호: CIP2018016106)

미디어 교육
인식 연구

김대희 지음

상상박물관

저자 서문

미국의 시장조사 전문가인 제임스 비커리는 1957년 미국 뉴저지 주의 포트리의 한 극장에서 별난 실험을 실시하였다. 영화가 상영되는 도중에, 사람이 인지할 수 없는 1/3,000초짜리 광고를 삽입하였고, 관객들에게 노출된 광고의 내용은 "배고파요? 팝콘을 먹어요."와 "코카콜라를 마셔요." 두 가지였다. 6주 동안 실험이 진행되었는데, 극장 매점의 매출 변화를 살펴보았더니 두 상품의 매출이 약 18% 정도 늘어난 현상을 보였다.

이 실험은 인간이 의식하지 못할 정도의 자극을 지속적으로 주어 어떤 메시지를 잠재의식에 각인시킨다면 사람의 생각, 감정, 행동에 영향을 미칠 수 있음을 보여준다. 우리는 일상생활에서 미디어의 영향력이나 가치에 대해 고민해 본 적이 있는지 스스로를 들여다볼 필요가 있다. 마트 진열대에 놓인 많은 종류의 우유를 선택하는 기준이 가격이나 맛 등 소비자가 의당 지녀야할 객관적인 잣대가 아닌 TV나 인터넷의 광고, 브랜드의 인지도 등 미디어의 영향 때문은 아닌지 생각하는 습관이 필요하다.

미디어에 대한 교육이 필요한 이유는 거기에 있다. 학생들은 세상을 바라보는 균형 있는 시각을 갖추기 위해 미디어를 통해 생산되는 수많은 메시지들을 어떻게 바라보아야 하는지 학습할 권리가 있다. 학습자들은 그들의 권리에 대해 어떤 생각을 지니고 있는지, 그리고 그들을 가르쳐야 할 교사와 학부모는 미디어 교육에 대해 어떠한 의식을 지니고 있는지 파악하는 작업은 미디어 교육의 스펙트럼을 결정하는 중요한 변인이 된다.

미디어 인식론의 선구자인 닐 포스트만(Neil Postman)은 미디어 환경에 의한 영향력에 주목하면서 미디어에 대한 의식의 각성을 위해서는 미디어의 내용보다는 사용한다는 사실 자체에 관심을 가져야 한다고 말한다. 미디어는 진짜 현실을 적당히 각색하고 편집하여 구미에 맞게 진짜 현실인 것처럼 보이게 하면서 특정한 것에 가치를 부여하고, 특정한 태도를 확대시키며, 세상을 분류하고 추론하는 틀을 제공한다. 예를 들어, 연필을 가진 사람은 모든 것이 리스트로 보이고, 카메라를 가진 사람은 모든 것이 이미지처럼 보이며, 컴퓨터를 가진 사람은 모든 것이 데이터로 보이는 것처럼 우리가 사용하는 미디어가 우리의 세계관을 결정짓고 지식의 특성을 바꾸어 놓는다는 것이다.

언어를 사용하는 것 자체는 사고 과정이다. 고등 사고는 인지에 대한 인지(메타인지; metacognition)를 전제로 한다. 미디어에 대한 인식 수준을 높이는 것은 미디어에 대해 알고 있는 것이 제대로 된 앎인지 점검하는 일이다.

미디어는 우리의 삶을 끊임없이 바꾸어 놓고 있다. 그것보다 더 중요한 것은, 미디어에 대한 의식의 부재는 우리의 삶을 더 형편없이 바꾸어 놓을 거라는 것이다.

2018년 5월

연구실에서 저자 씀

차례

1. 미디어 리터러시와 미디어 교육

이 연구는 미디어 텍스트와 미디어 교육에 대한 논의를 바탕으로 학생, 교사, 학부모의 인식 실태 조사를 통해 우리나라의 미디어 교육 현황을 고찰함으로써 미디어 양상을 살피는 데 목적을 두었다.

미디어 속의 언어를 국어 교육의 대상으로 삼아야 한다는 것을 기본 전제로, 학습의 대상이 되는 미디어는 학습자와 교육 내용을 매개하는 하나의 언어라는 논의와 학생, 학부모, 교사가 미디어 교육에 대해 지니고 있는 인식의 분석과 교육 주체의 미디어 교육에 대한 요구와 교육적 필요성을 반영한 교육과정을 개발하고 그 효과를 검증하는 논의를 중심으로 전개해 나가고자 한다.

표상하고자 하는 의미가 문자나 음성, 영상 등 일정한 형식의 기호에 의해 재현되는 형태를 의미하는 미디어가 국어 교육의 대상으로 논의될 수 있는 것은 그것이 가진 텍스트성 때문이다. 텍스트로서의 미디어는 한 종류의 또는 몇 가지 종류의 기호들을 일정한 규약에 따라 특정의 미디어 공간에 배열한 의미 조직이며, 갖가지 형태의 전달 수단에 의해 전달되는 다양한 프로그램, 영상 작품, 이미지, 웹 페이지 등을 말한다. 미디어 텍스트에 대한 국어 교육적 접근은 '리터러시'가 그 중심에 있다. 단순히 단어나 철자들을 읽고 쓸 줄 아는 능력으로 정의되던 리터러시는 사회의 변화와 함께 더 이상 언어를 읽고 쓰는 피상적 의미만을 내포하는 개념이 아닌, 언어를 전제로 다양하고 구체적인 사회적 문제 상황들에 대처해 내고, 언중들 사이에 공유된 문화를 향유할 수 있는 기술로 그 개념이 확장된 것이다. 곧, 미디어를 학습하는 목적은 '미디어 리터러시'를 신장시키기 위함이고, 미디어 리터러시란 미디어를 사용하고 해석하고 생산해 내기 위해 요구되는 지식이나 기술, 그리고 능력으로 정의할 수 있다.

학교 교육으로 미디어 교육을 수용하기 위해 현재 우리나라의 미디어 교육의 현황을 파악하는 일은 안고 있는 문제점을 분석하여 교육이 나아갈 방향과 지향점을 찾는 데 있어서 매우 중요하다. 본고에서는 학생, 교사, 학부모를 대상으로 미디어와 미디어 교육에 대해 어떻게 생각하고 있는지, 미디어 교육을 중심으로 그들의 의식은 어떠한 상관성을 지니고 있는지를 파악하였다.

미디어 교육을 학교 교육에서 수용하기 위해서는 고려해야 할 변인이 너무나 많다. 교육과정 설계를 위해 수용자의 요구 분석, 교수-학습을 둘러싼 제반 요소의 설계, 교사 연수 등 쉽게 이루어낼 수 있는 것이 어떤 것도 없다. 그렇지만 국가적인 지원과 전문가들의 노력이 지속적으로 수반된다면, 산재한 문제와 과제들을 점차 해결해 나갈 수 있으리라 생각된다. 본 연구도 거기에 작은 기여를 한 점에서 나름대로 의미가 있다고 본다.

이 연구는 미디어 교육을 국어 교육에 수용하기 위한 방안으로 교육과정을 설계하고 교재를 개발하여 현장 적용을 통한 미디어 교육 프로그램의 효과를 검증함으로써 미디어 교육의 가능성을 보여주었다는 데 그 의의가 있다.

2. 초등학생의 미디어 수용과 학습 실태

초등학생들이 일상생활에서 그들에게 노출되어 있는 다양한 형태의 미디어를 어떻게 수용하고 있으며, 또한 공교육 체제 내에서 미디어에 대한 교육이 어느 정도 수준에서 이루어지고 있는지 살펴보고자 한다.

2.1. 설문의 기초 자료

2.1.1. 설문 대상

설문 조사는 서울 소재의 초등학교 4곳을 선정하여 고학년 학생(5, 6학년), 해당 학교에 재직중인 초등학교 교사, 초등학교 고학년 자녀를 둔 학부모를 대상으로 실시하였다. 선정 학교는 지역별로 고르게 분포시켰으며, 선정된 학교가 소재한 지역구는 은평구, 도봉구, 광진구, 강남구이다.

설문 조사에 참여한 학교는 도봉구 소재의 A 초등학교, 은평구 소재의 B 초등학교, 광진구 소재의 C 초등학교, 강남구 소재의 D 초등학교로 모두 4개 학교이다. 설문에 참여한 학생들은 모두 5, 6학년에 재학중인 학생들이며, 정신적 장애를 가진 학생은 한 명도 없었다.[1] 설문에 참여한 학생들의 인원은 모두 755명이었으며, 이 중 남학생은 406명, 여학생은 349명이었다. 학교별 분포는 〈표 2-1〉과 같다.

---

1) 미디어 교육을 위한 실태 조사에서는 단순히 미디어나 미디어 이용자, 그리고 미디어가 미치는 영향력 등 미디어와 이용자 간의 상관관계 등 독립 변인과 종속 변인만을 파악해서는 안 된다. 독립 변인들과 종속 변인 사이에는 중개 변인이라는 것들이 개재되어 종속 변인에 대한 독립 변인들의 영향을 다르게 만들 수 있기 때문이다. 예컨대 동일한 내용의 메시지(독립 변인)라 할지라도 그것이 메시지를 수용하는 사람에게 미치는 효과(종속 변인)는 그 수용자가 누구냐에 따라서 달라질 수 있는데, 이는 곧 '수용자의 속성'이라는 변인이 하나의 중개 변인으로 작용하여 그 메시지에 대한 커뮤니케이션 효과를 다르게 나타나게 만들 수 있다. 이와 같이 미디어에 의한 의사소통 과정에서 그 독립 변인들(메시지, 정보원, 매체 등에 관한 제 변인)과 종속 변인(커뮤니케이션 효과, 수용자의 변화, 학습 가능성) 사이에 개재되어 종속 변인에 대한 독립 변인의 영향을 달리 나타나게 만들고 있는 중개 변인들에는 여러 가지가 있을 수 있다. 수용자 변인으로는 과거 경험, 교육 정도, 언어 능력, 미디어 사용 정도, 기억 정도, 성, 나이, 사회화 정도, 흥미 의지 등이 있다. 수용자의 이러한 인구사회학적, 문화적 배경까지를 고려하여 미디어 인식 실태를 파악하는 것이 미디어 환경에 대한 올바른 조사가 되겠으나, 다각적인 방면에서 피조사자의 협조를 얻기가 어려운 관계로 이 연구에서는 이러한 수용자 변인을 거의 고려하지 못하고, 성별과 학생들의 인지 능력의 정상적 발달 여부만을 반영하였다.

〈표 2-1〉 학교별 설문 조사 참여 학생 수

학교 / 성별	A 초등학교	B 초등학교	C 초등학교	D 초등학교	계
남	147	77	97	85	406
여	137	72	80	60	349
계	284	149	177	145	755

2.1.2. 설문 항목

학생들에게 제시된 설문 항목은 학생들의 일상생활에서의 미디어 이용 실태를 파악하고 미디어 교육에 대한 기본 전제가 될 만한 내용으로 구성하였다. 그 내용은 미디어의 접촉 빈도, 평균 이용 시간, 선호도, 유익성, 수용 태도, 교육 경험, 수업 의사이다.

1) 접촉 빈도가 상대적으로 높은 미디어 5개 선정하여 표시하기
2) 미디어의 종류별로 평균적으로 이용하는 시간을 주중과 주말을 구분하여 적기
3) 미디어의 종류별로 교육을 받은 경험이 있는지 표시하기
4) 미디어의 종류별로 좋아하는 정도 표시하기
5) 미디어의 종류별로 나에게 얼마나 유익한가 그 정도를 표시하기
6) 미디어의 종류별로 수용 태도를 점검하여 표시하기
7) 미디어 교육을 실시할 경우 수업을 받을 의향이 있는지 표시하기

이것을 미디어 수용과 학습의 두 측면으로 나누어 분류해 보면, 〈표 2-2〉와 같다.

〈표 2-2〉 학생들의 미디어 수용과 학습 실태 파악을 위한 항목 분류

구 분	설문 문항
미디어 수용	1) 접촉 빈도가 상대적으로 높은 미디어 5개 선정하여 표시하기 2) 미디어의 종류별로 평균적으로 이용하는 시간을 주중과 주말을 구분하여 적기 4) 미디어의 종류별로 좋아하는 정도 표시하기 5) 미디어의 종류별로 나에게 얼마나 유익한가 그 정도를 표시하기 6) 미디어의 종류별로 수용 태도를 점검하여 표시하기
미디어 학습	3) 미디어의 종류별로 교육을 받은 경험이 있는지 표시하기 7) 미디어 교육을 실시할 경우 수업을 받을 의향이 있는지 표시하기

이렇게 분류한 기준에 따라 미디어의 수용과 학습의 측면으로 학생들의 미디어 이용 실태를 분석하고자 한다.

2.2. 초등학생의 미디어 수용 실태 분석

2.2.1. 미디어에 대한 접촉 빈도

학생들은 수동적인 형태이든 능동적인 형태이든 접근하는 미디어를 모두 수용하지는 않는다. 그들의 성향과 취향에 따라 취사선택을 한다. 학생들의 미디어에 대한 접촉 빈도별 분포를 알아보기 위해 학생들이 접하는 미디어 중 접촉 횟수나 시간이 많은 것 5항

목을 골라 표시하도록 하였다. 보기로 제시한 미디어는 일상생활에서 흔히 접할 수 있는 것들 중 음성 언어와 문자 언어를 기본 전달 수단으로 하는 미디어와 거기에 그림이나 영상 언어 등 언어적 전달 장치를 덧붙여 메시지를 전달하는 미디어로 선정하였다.

여러분이 접하는 미디어 중 접촉 횟수나 시간이 많은 것 5개를 골라 ○표 하세요.

(1) TV (2) 인터넷/게임 (3) 신문 (4) 잡지

(5) 책 (6) 만화 (7) 영화 (8) 광고

(9) 라디오 (10) 기타 – 위에 해당사항이 없는 것은 적어 주세요.

조사 결과는 다음 〈표 2-3〉과 같다.

〈표 2-3〉 학생들의 미디어별 접촉 빈도 분포

성별	구분	TV	인터넷/게임	신문	잡지	책	만화	영화	광고	라디오	기타
남 (406)	이용 인원	400	404	148	33	316	317	201	92	63	56
	%	98.5	99.5	36.5	8.1	77.8	78.1	49.5	22.7	15.5	13.8
여 (349)	이용 인원	345	327	102	64	251	274	165	96	87	34
	%	98.9	93.7	29.2	18.3	71.9	78.5	47.3	27.5	24.9	9.7
계 (755)	이용 인원	745	731	250	97	567	591	366	188	150	90
	%	98.7	96.8	33.1	12.8	75.1	78.3	48.5	24.9	19.9	11.9

(%는 이용 인원을 학생 수로 나눈 값에 대한 백분율)

학생들이 가장 많이 접촉하는 미디어는 TV(98.7%)로 나타났으며, 그 다음으로는 인터넷과 인터넷을 이용한 게임(96.8%)으로 나타났다. 이는 TV나 컴퓨터가 학생들에게 가장 많이 노출되어 있다는 부분도 있겠지만, 접근이 가장 용이하고, 접촉에 따른 부담감이 적다는 점과 TV나 인터넷이 가진 흥미성과 오락성이 학생들의 기호와 맞아 떨어진 결과라고 볼 수 있다.

남학생과 여학생들의 분포는 거의 비슷하나 남학생들은 TV보다는 인터넷이나 게임에 대한 접촉 빈도가 약간 높게 나타나고, 여학생들은 그와는 반대 양상이 나타났다. 이러한 현상은 게임에 원인이 있다고 보여진다. 현재 시중에 유통되는 게임들이 취하는 성격상 여학생보다는 남학생에 초점을 두고 있기 때문에 남학생들의 이용 횟수나 시간이 늘어나 여학생들에 비해 접촉 빈도가 높게 나타나는 것으로 판단된다.

또 한 가지 주목할 만한 사실은 만화책이나 만화영화에 접근하는 빈도가 교육용이나 교양용 도서에 접근하는 빈도보다 높게 나타났다는 것이다. 독서 교육에 대한 중요성이 꾸준히 강조되어 왔지만, 교육적 필요나 요구는 학생들의 흥미나 재미 수준을 아직 뛰어넘지 못했음을 나타내주는 대목이라 하겠다.

광고에 대한 접촉 빈도 분포도 특이하다. 전체 학생의 24.9%가 광고를 자주 접한다고 답했을 뿐이다. 이는 학생들이 광고에 대한 접촉을 자각하지 못하거나 광고의 범위에 대해 다소 좁게 생각하는 데에서 온 결과로 보인다. 즉 텔레비전 프로그램의 중간에 삽입되는 광고를 가장 먼저 떠올릴 것이고, 그 이외에는 신문 광고 정도를 생각했을 것으로 보인다. 그렇지만, 길을 걷다 보게 되는 버스나 택시의 광고, 건물에 걸린 현수막이나 광고판, 전단지, 드라마 속에 삽입되는 간접 광고 등 학생들이 접하는 광고는 무수히 많은데도 거기까지 생각이 미치지 못한 결과로 분석된다. 또한 텔레비전 프로그램 방영 전과 후에 삽입되는 광고를 접할 때, 학생들은 광고를 프로그램의 시청을 막는 방해 요소로 인식을 하고, 광고를 피하기 위해 다른 채널을 선택하는 경우가 많다. 이러한 이유 때문에 광고는 학생들이 생각하기에 흔히 접하지 않는 매체라고 생각하는 것으로 판단된다.

위에 제시된 것 이외에 학생들이 이용하는 미디어의 기타 항목으로 적은 것들은 휴대전화, MP3가 주를 이루었다. 이것은 학생들이 이용하는 미디어 콘텐츠의 범위가 점차 확대되어 가고 있음을 보여주는 결과로 볼 수 있겠다. 휴대전화는 전화통화보다는 오히려 문자메시지를 통화 대화의 도구로 많이 이용하고 있으며, MP3는 수시로 음악을 듣기 위해 주로 이용하는 수단이다.

학생들의 미디어에 대한 접촉 빈도의 분포를 그래프로 나타내면 〈그림 2-2〉와 같다.

〈그림 2-2〉 학생들의 미디어별 접촉 빈도 분포

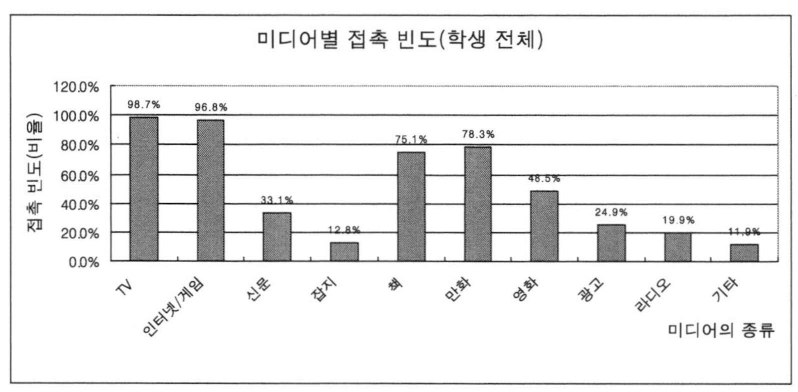

2.2.2. 미디어 이용 시간

학생들의 미디어 이용 실태를 알아보기 위해서는 미디어별 이용 시간을 점검하는 것은 필수적이다. 우리나라 초등학생들이 각각의 매체를 이용하는 데 얼마만큼의 시간을 소비하는지를 알아보기 위해 각 매체별로 주중과 주말로 나누어 구체적으로 시간을 적어보게 했다.[2)]

2) 미디어 이용 시간, 선호도, 유용성, 수용 태도 등의 조사에서 TV, 인터넷, 온라인 게임, 신문, 광고, 만화, 책의 7개만을 조사 대상으로 삼은 이유는 학생들의 접촉 빈도를 기준으로 삼았다. 빈도 조사에서 'TV-인터넷/게임-책-만화-영화-신문-광고-라디오-잡지-기타'의 순으로 조사되었는데, 이용 빈도가 평균 20%가 넘는 미디어는 광고까지인데, 이 중 '영화'는 접촉에 있어서 시간과 장소의 구애를 많이 받는 편이기 때문에 이를 제외하였으며, 인터넷과 게임은 컴퓨터로 접속한다는 공통점만 있을 뿐 서로 다른 접촉 양상을 지니기 때문에 이를 분리하였다. 인터넷의 경우에는 이용하는 콘텐츠에 따라 하위 내용으로 세분

다음의 미디어들을 하루에 이용하는 시간은 평균적으로 얼마 정도 됩니까?

	미디어의 유형	주중(월-금)	주말(토-일)
1	TV	( )시간 ( )분	( )시간 ( )분
2	인터넷	( )시간 ( )분	( )시간 ( )분
3	온라인 게임	( )시간 ( )분	( )시간 ( )분
4	신문	( )시간 ( )분	( )시간 ( )분
5	광고	( )시간 ( )분	( )시간 ( )분
6	만화	( )시간 ( )분	( )시간 ( )분
7	책	( )시간 ( )분	( )시간 ( )분

이렇게 해서 얻은 결과를 시간대별로 나누어 통계를 작성하였다. 미디어별로 살펴보면 다음과 같다.

(1) 텔레비전

텔레비전은 학생들의 일상생활에서 가장 쉽고 흔하게 접할 수 있는 미디어이다. 이미 우리의 일상생활에서 가구 또는 생필품이 되어버린 텔레비전은 학생들에게도 반드시 있어야 할 품목 중의 하나로 인식된 지 오래다. 그만큼이나 텔레비전은 여러 매체들 중 접촉의 기회가 가장 많은 매체이다. 앞서 설문에 참여한 학생들의 가장 많은 수(응답자의 98.7%)가 일상생활에서 텔레비전을 많이

화시켜야 하나 목적성까지를 고려하면 조사 대상과 내용이 너무 방대해지기 때문에 채팅이나 정보 탐색, 커뮤니티 활동 등 어떤 목적으로든 단순히 인터넷에 접속하여 이용하는 것을 기준으로 연구를 진행하였다.

이용한다고 답했다. 그렇다면, 과연 학생들의 텔레비전 이용 시간은 어떠할지에 대해 살펴보기로 하자. 〈표 2-4〉는 학생들의 텔레비전 이용 시간을 주중과 주말로 나누어 조사한 것이다.

〈표 2-4〉 학생들의 텔레비전 이용 시간

구분	성별	0시간	~59분	1시간~	2시간~	3시간~	4시간~	5시간~	소계
주중	남	35	50	119	91	47	17	47	406
		8.6	12.3	29.3	22.4	11.6	4.2	11.6	100.0
	여	23	37	106	86	46	17	34	349
		6.6	10.6	30.4	24.6	13.2	4.9	9.7	100.0
	계	58	87	225	177	93	34	81	755
		7.7	11.5	29.8	23.4	12.3	4.5	10.7	100.0
구분	성별	0시간	~59분	1시간~	2시간~	3시간~	4시간~	5시간~	소계
주말	남	23	15	64	90	91	42	81	406
		5.7	3.7	15.8	22.2	22.4	10.3	20.0	100.0
	여	15	12	55	80	66	52	69	349
		4.3	3.4	15.8	22.9	18.9	14.9	19.8	100.0
	계	38	27	119	170	157	94	150	755
		5.0	3.6	15.8	22.5	20.8	12.5	19.9	100.0

주중에는 학생들의 50% 이상(55.0%)이 하루 평균 1시간 이상 3시간 미만 정도의 시간을 텔레비전을 보는 데 소비한다는 결과를 얻을 수 있었다. 반면 주말에는 응답자의 75.7%가 2시간 이상 텔레비전을 본다는 조사 결과가 나왔다. 또한 주중에 텔레비전을

가장 많이 이용하는 시간은 1시간 이상 2시간 미만이고, 주말에는 2시간 이상 3시간 미만으로 나타났다. 다시 말하면 주말일수록 텔레비전을 시청하는 횟수나 시간이 많다는 의미이다.

남학생과 여학생의 차이를 살펴보면, 이용 시간별로 약간의 차이는 있지만, 큰 차이는 보이지 않는다. 또한 남학생이나 여학생이나 주말에 텔레비전을 전혀 시청하지 않는 학생들이 1시간 미만으로 시청하는 학생들에 비해 많게 나타났다.

한 가지 특이한 점은 5시간 이상 텔레비전을 보는 학생이 하루 평균 3~4시간 정도 텔레비전을 보는 학생보다 많다는 사실이다. 이러한 현상이 일어나는 원인에는 여러 가지가 있겠지만, 가장 크게는 학생의 생활 습관, 가정 환경, 방과 후 시간의 사용 여건이 가장 큰 것으로 판단할 수 있다.

(2) 인터넷

인터넷은 불과 십여 년 전까지만 해도 학생들에게 마냥 생소하기만 했던 단어였다. 그러나 그 확산 속도가 점차 가속화되어 이제는 하루라도 인터넷을 이용하지 않으면 불안 증세를 보일 정도로 학생들의 정신 속으로 인터넷이 침투하였다. 학생들은 거의 매일 인터넷을 통해 메일을 확인하고, 뉴스를 보며, 연예인의 소식을 듣고, 때로는 정보를 찾아 숙제를 하기도 하고, 자신의 홈페이지를 관리하고, 친구들의 홈페이지에 글을 남긴다. 학생들의 생활과 인터넷은 이미 불가분의 관계가 성립되어 있고, 그 관계를 적절한 수준으로 변화시키기 위해서는 인터넷을 이용하는 방법을 가르쳐 주는 것보다 훨씬 더 많은 노력이 요구된다. 학생들은 일상생활에서 어느 정도로 인터넷을 이용하고 있는지 그 실태를 살펴보면, 다음과 같다.

〈표 2-5〉 학생들의 인터넷 이용 시간

구분	성별	0시간	~59분	1시간~	2시간~	3시간~	4시간~	5시간~	소계
주중	남	74	132	122	37	16	11	14	406
		18.2	32.5	30.0	9.1	3.9	2.7	3.4	100.0
	여	44	98	125	42	26	7	7	349
		12.6	28.1	35.8	12.0	7.4	2.0	2.0	100.0
	계	118	230	247	79	42	18	21	755
		15.6	30.5	32.7	10.5	5.6	2.4	2.8	100.0
주말	남	52	111	123	65	17	14	24	406
		12.8	27.3	30.3	16.0	4.2	3.4	5.9	100.0
	여	48	57	125	72	18	20	9	349
		13.8	16.3	35.8	20.6	5.2	5.7	2.6	100.0
	계	100	168	248	137	35	34	33	755
		13.2	22.3	32.8	18.1	4.6	4.5	4.4	100.0

학생들의 인터넷 사용에 관한 학부모들의 인식을 살펴보면, 부정적인 의견이 무려 40.2%[3]나 차지한다. 학생들이 인터넷을 통

3) 인터넷이 학생들에게 미치는 영향력의 질에 대해 학부모의 26.6% 정도가 인터넷은 학생들에게 긍정적인 영향을 미친다고 답변했으며, 40.2%는 부정적이라고 생각하며, 나머지 33.3%는 긍정도 부정도 아니라고 답했다.

하여 이용하는 정보의 질적인 면에 대해 부정적이라는 생각이 강하게 작용한 것으로 보인다. 학생들의 이러한 부모들의 태도 때문인지 인터넷 사용 시간에 어느 정도의 규제를 받고 있는 듯하다. 텔레비전처럼 무방비로 접근이 가능한 매체가 아니기 때문에 학생들의 인터넷 사용 시간은 보통 2시간 이내에 머물러 있다. 주중에는 응답자의 78.8%가 2시간 범위 내에서 인터넷을 사용하며, 주말에는 그보다 줄어 68.3%가 그러하다고 답했다. 반면 주말 사용 시간이 주중에 비해 2시간 범위 내에 인터넷을 사용하는 학생 수가 줄어든 것은 주말에 그 이상 사용하는 학생들이 늘어났다는 말이기도 하다. 주말에 2시간 이상 인터넷을 이용하는 학생은 32.7%로 주중 이용자 21.2%보다 약 11% 이상 늘어남을 볼 수 있다.

인터넷을 이용하는 학생들의 이용 시간에는 남녀 간의 차이가 별로 없는 것으로 나타났다. 남학생이나 여학생이나 어떤 내용의 정보를 어떻게 이용하는지는 알 수 없으나 인터넷이 남학생과 여학생의 구분 없이 학생들의 생활의 일부로 자리 잡은 것은 틀림없는 사실인 것 같다.

(3) 온라인 게임

학생들이 현재 이용하는 온라인 게임은 모든 플랫폼4)에서 네

4) 컴퓨터 시스템의 기반이 되는 하드웨어나 소프트웨어. 컴퓨터는 맨 아래층인 집적 회로(IC) 칩 수준의 하드웨어 층, 그 다음 층인 펌웨어와 운영 체계

트워크 기능을 탑재함으로써 단순히 게임만 즐기는 것이 아니라 상대방과의 의사소통에도 중점을 두고 있는 것이 특징이다. 그렇기 때문에 이용자의 측면에서 보면, 온라인 게임은 컴퓨터에서 구현되기는 하지만 기본적으로 인간 대 컴퓨터가 아니라 인간 대 인간간의 관계로 이루어진다는 점이다. 기존의 아케이드 게임[5]이나 PC 게임[6]은 이용자가 게임의 패턴에 익숙해짐에 따라 흥미를 잃게 되므로 게임을 이용하는 지속시간이 짧았던 반면 온라인 게임은 패턴을 갖기 힘들고 불확실성에 의한 재미를 줄 수 있으며, 게임 내에서 형성된 일종의 가상 공동체에 속해 있다는 소속감을 게임이용자에게 준다. 이러한 요인들로 인해 온라인 게임의 생명력은 기존의 게임보다 훨씬 길다고 할 수 있다.

초등학생은 온라인 게임의 이용자들의 한 집단으로서 온라인 게임의 생명력을 불어넣어주는 데 기여를 하고 있다. 인터넷을 이용하는 시간의 대부분을 온라인 게임을 이용하는 데 보내고 있

(OS) 층, 맨 위층인 응용 프로그램 층으로 구성되는 계층화된 장치인데, 이 장치의 맨 아래층만을 흔히 플랫폼이라고 한다. 그러나 응용 프로그램의 설계자들은 하드웨어와 소프트웨어를 모두 플랫폼이라고 한다. 그 이유는 하드웨어와 소프트웨어가 응용에 대한 지원을 제공하기 때문이다(nate IT 용어 사전).

5) 별도의 기계 장치를 이용해 즐기는, 순발력과 민첩성이 요구되는 전자 게임의 하나. 슈팅 게임, 액션 게임, 퍼즐 게임, 스포츠 게임 등이 있다. 우리나라에서는 보통 전자오락실이라고 하는 게임 업소에서 흔히 접할 수 있다(nate IT 용어 사전).

6) 개인용 컴퓨터(PC)에 별도의 소프트웨어를 설치해서 이용하는 게임. 아케이드 게임과 마찬가지로 주로 사람 대 기계와의 대결 구도 또는 2인 이상이 게임에 참여할 때에는 사람 대 사람의 대결 구도로 진행되는 것이 보통이다.

으며, 어린이 PC방 이용자의 대부분은 온라인 게임을 즐기기 위한 목적성을 가진다고 한다. 그렇다면, 초등학생들은 얼마나 많은 시간을 온라인 게임에 투자를 하는지 살펴보기로 하자.

〈표 2-6〉 학생들의 온라인 게임 이용 시간

구분	성별	0시간	~59분	1시간~	2시간~	3시간~	4시간~	5시간~	소계
주중	남	102	50	122	60	36	15	21	406
		25.1	12.3	30.0	14.8	8.9	3.7	5.2	100.0
	여	159	92	62	23	7	1	5	349
		45.6	26.4	17.8	6.6	2.0	0.3	1.4	100.0
	계	261	142	184	83	43	16	26	755
		34.6	18.8	24.4	11.0	5.7	2.1	3.4	100.0
주말	남	38	29	113	94	47	33	52	406
		9.4	7.1	27.8	23.2	11.6	8.1	12.8	100.0
	여	146	77	66	31	18	7	4	349
		41.8	22.1	18.9	8.9	5.2	2.0	1.1	100.0
	계	184	106	179	125	65	40	56	755
		24.4	14.0	23.7	16.6	8.6	5.3	7.4	100.0

학생들의 온라인 게임 이용 시간별 분포를 보면, 남학생과 여학생의 차이가 현격함을 알 수 있다. 남학생들은 여학생들에 비해 게임을 이용하는 시간이 상대적으로 많다. 게임을 전혀 하지 않는 학생의 비율을 보면, 주중에는 남학생이 25.1%, 여학생이 45.6%이고, 주말에는 남학생의 9.4%가, 여학생의 41.8%가 전혀 게임을 하지 않는다고 응답했다. 하루 평균 2시간 이상 게임을 하는 남학생의 비율도 주중과 주말이 각각 32.6%, 55.7%로 나타

난 반면에 여학생의 경우에는 주중이 10.3%, 주말이 17.2%로 남학생이 여학생보다 게임 이용 시간에 있어서 매우 높은 수치를 나타내고 있다. 더구나 주말 이용자 중 남학생의 12.8%가 5시간 이상 온라인 게임을 이용한다고 답해 게임에 대한 중독성이 의심이 갈 정도로 심각한 수준에 이르렀다. 이러한 차이는 남학생과 여학생의 발달적인 특징을 그대로 드러낸 결과로 보인다. 게임이 갖는 역동성 및 폭력성은 남학생들의 성향과 맞물려 초등학생 이용자를 늘려가고 있고, 이런 결과로 게임 중독증이라는 질환이 초등학생에게도 무관하지 않게 된 것이다.

게임 이용 시간에 있어서 주중과 주말의 차이도 심하게 나타났다. 주중에 1시간 이내로 게임을 이용하는 학생의 비율은 53.4%인데 반해 주말에는 그 비율이 34.4%로 현저하게 줄었다. 이 차이는 남학생들의 이용 시간에 크게 좌우된 것인데, 남학생들 중 1시간 이내 사용자가 37.4%에서 16.5%로 크게 감소한 결과이다. 온라인 게임을 전혀 하지 않는 학생의 비율도 주중 34.6%에서 주말 24.6%로 무려 10%나 감소했다.

(4) 신문

신문이란 특정 또는 불특정한 사람들에게 시사에 관한 뉴스를 비롯한 정보·지식·오락·광고 등을 전달하는 정기 간행물이다. 통상적으로는 신문사라 불리는 전문기업이 일간 또는 주간으로 뉴스 보도를 주로 하여 발행하는 일반지를 가리킨다. 신문사들은 우리 사회에서 지금 일어나는 현안에 대한 깊이 있는 보도와 분석, 의견을 제시하고자 하며, 신문이 보도하는 경제·문화·사회면의 수준도 독자의 수준이 높아짐에 따라 점점 발전하고 있다. 사회의 빠른 변화 속에서도 신문은 여전히 토론의 장으로서, 창조적 표현의 매체로서, 또한 문자언어의 수호자로서 그 역할을 수행해 나가고 있다. 신문이 갖는 이러한 역할 때문에 신문은 교육적 도구로 종종 활용되기도 한다.

우리나라에서 간행되는 신문의 종류는 많지만, 어린이를 위한 신문은 일간지로 3종류가 간행이 되고 있다. 어린이 신문의 경우 가정에서 신문을 받아보는 경우는 거의 없으며, 보더라도 대부분 학교에서 단체로 구독하게 하여 학생들은 비자율적으로 신문을 접하고 있는 실정이다. 이러한 상황에서 하루 중 학생들은 얼마만큼의 시간을 신문을 읽는 데 쓰는지 살펴보기로 하자.

신문의 교육적 가치 상승에도 불구하고, 초등학생들의 신문 구독률은 너무 뒤처진다. 신문을 전혀 읽지 않는 학생이 주중에는 38.9%, 주말에는 53.4%나 되었다. 신문을 보는 시간은 1시간 이내 그치는 경우가 대부분으로 나타났다. 이는 어린이들이 읽는 신문이 담은 기사의 양을 고려해 보았을 때, 당연히 그렇게 될 수밖에 없는 수치로 보인다.

남학생과 여학생을 비교해 보았을 때, 주중에는 여학생(66.2%)이 남학생(56.7%)보다는 다소 신문을 더 많이 읽는 것으로 나타났지만, 주말에는 큰 차이가 없었다. 설문을 통해 얻을 수 있는 고무적인 결과라면, 평소에 신문을 읽는 학생이 읽지 않은 학생들보다는 많다는 것이다. 신문을 매일 읽는 것도 독서 습관의 일부이다. 매일 신문을 읽는 학생들은 그렇지 않는 학생들에 비해 사고의 폭이 넓어질 것은 자명한 일이다. 신문에 대한 유익성 조사에서는 67.7%의 학생이 유익하다고 답한 것은 신문에 대한 교육적 요구를 간접적으로 표현한 것으로 보이며, 이에 대한 교육이 반드시 수반되어야 할 것으로 보인다.

〈표 2-7〉 학생들의 신문 이용 시간

구분	성별	0시간	~59분	1시간~	2시간~	3시간~	4시간~	5시간~	소계
주중	남	176	195	24	6	1	1	3	406
		43.3	48.0	5.9	1.5	0.2	0.2	0.7	100.0
	여	118	215	16	0	0	0	0	349
		33.8	61.6	4.6	0.0	0.0	0.0	0.0	100.0
	계	294	410	40	6	1	1	3	755
		38.9	54.3	5.3	0.8	0.1	0.1	0.4	100.0
주말	남	219	154	26	5	1	0	1	406
		53.9	37.9	6.4	1.2	0.2	0.0	0.2	100.0
	여	184	152	11	2	0	0	0	349
		52.7	43.6	3.2	0.6	0.0	0.0	0.0	100.0
	계	403	306	37	7	1	0	1	755
		53.4	40.5	4.9	0.9	0.1	0.0	0.1	100.0

(5) 광고

광고는 학생들의 일상 생활에서 아주 친숙한 매체 중의 하나이다. 친숙하다보니 그것의 존재성에 대해 심각하게 생각해 본다거나 또는 메시지의 전달 방식에 대해 진지하게 고민하지 않는 경우가 보통이다. 오히려 있는 둥 없는 둥 여기는 것이 광고이며, 때로는 자신들의 삶과는 무관하다고 생각하기도 한다. 광고의 내면을 들여다보면, 20초의 미학이라 불릴 만큼 다양한 가치를 담고 있지만, 학생들은 메시지가 어떻게 만들어지고 어떤 과정을 거쳐 전달되며, 어떤 해석을 내리고 어떻게 비판해야 하는지를 모르기 때문에 광고를 하나의 현상으로만 여길 뿐이다. 그러한 인식 속에서 학생들이 광고를 이용하는 시간을 보면 몇 가지 새로운 결과를 얻을 수 있다.

〈표 2-8〉 학생들의 광고 이용 시간

구분	성별	0시간	~59분	1시간~	2시간~	3시간~	4시간~	5시간~	소계
주중	남	226	148	20	6	3	0	3	406
		55.7	36.5	4.9	1.5	0.7	0.0	0.7	100.0
	여	150	164	30	3	1	0	1	349
		43.0	47.0	8.6	0.9	0.3	0.0	0.3	100.0
	계	376	312	50	9	4	0	4	755
		49.8	41.3	6.6	1.2	0.5	0.0	0.5	100.0
주말	남	239	132	17	6	5	5	2	406
		58.9	32.5	4.2	1.5	1.2	1.2	0.5	100.0
	여	164	139	34	10	1	0	1	349
		47.0	39.8	9.7	2.9	0.3	0.0	0.3	100.0
	계	403	271	51	16	6	5	3	755
		53.4	35.9	6.8	2.1	0.8	0.7	0.4	100.0

광고도 하나의 매체이지만, 다른 매체를 통해 전달되는 경우가

많다. 가장 흔하게는 텔레비전이 있고, 다음으로는 신문, 라디오 등도 광고를 전달하는 주요 수단이다. 흔히 광고라고 하면 일반적으로 이러한 매체를 통해 드러나는 것을 생각하지만, 더 넓게 생각해 보면, 아주 흔하게 접할 수 있는 것이 광고이다. 버스나 택시의 옆문을 채우고 있는 그림이나 글 또한 광고이며, 건물의 옥상에 걸린 모 기업이나 제품에 대한 선전도 광고이며, 학교 정문을 들어서면 보이는 불조심 포스터도 광고이다. 학생들은 광고의 범위를 이렇게 넓게 생각하지 않기 때문에 광고를 전혀 접하지 않는다는 학생들이 무려 50%에 이른 결과를 낳은 것이라 판단된다. 일상생활에서 광고를 접하는 것도 남학생과 여학생의 차이는 거의 없지만 설문 조사에서 차이를 보이는 것은 실제로 접촉하는 시간이나 횟수에서 차이가 나는 것이 아니라 광고의 범위에 대한 인식 차이 때문일 것으로 생각된다.

어른들도 마찬가지이지만 대부분의 학생들은 광고를 일부러 찾아서 접하지는 않는다. 다른 매체와는 달리 광고와의 접촉에 대해 수동적인 입장에 놓이는 것이 보통이기 때문에 그 이용 시간에 있어서도 내가 얼마나 많은 광고를 접하는지 그리고 그 시간이 얼마나 되는지 인지하기는 어렵다. 그러나 광고의 범위와 가치에 대해서는 새로운 시각을 반드시 심어줘야 할 것이다.

(6) 만화

만화는 실제로 존재하지 않는 이미지 위에 글이나 소리를 입혀 의미를 만들어낸 독특한 장르의 텍스트이다. 그림이 주는 시각적 효과 때문에 부담감 없이 독자나 시청자에게 쉽게 다가갈 수 있는 장점이 있다. 이러한 점 때문에 만화를 교육적으로 활용하는 시도도 많이 이루어지고 있으며, 실제로 현행 교육과정에서도 만화가 적절하게 학생들의 흥미를 끄는 수단으로 사용되고 있기도 하다. 일상생활에서 학생들은 만화를 어느 정도 읽는지 〈표 2-9〉에 제시되어 있다.

〈표 2-9〉 학생들의 만화 이용 시간

구분	성별	0시간	~59분	1시간~	2시간~	3시간~	4시간~	5시간~	소계
주중	남	84	126	104	56	20	8	8	406
		20.7	31.0	25.6	13.8	4.9	2.0	2.0	100.0
	여	88	112	99	35	8	4	3	349
		25.2	32.1	28.4	10.0	2.3	1.1	0.9	100.0
	계	172	238	203	91	28	12	11	755
		22.8	31.5	26.9	12.1	3.7	1.6	1.5	100.0
주말	남	97	104	97	64	22	12	10	406
		23.9	25.6	23.9	15.8	5.4	3.0	2.5	100.0
	여	102	96	78	47	13	7	6	349
		29.2	27.5	22.3	13.5	3.7	2.0	1.7	100.0
	계	199	200	175	111	35	19	16	755
		26.4	26.5	23.2	14.7	4.6	2.5	2.1	100.0

설문 결과, 학생 10명 중 8명 정도는 일상생활에서 어떤 내용의 만화이건 지면이나 화면으로 만화를 접하는 것으로 나타났다. 가장 많은 분포를 보이는 이용 시간은 2시간 미만(주중 58.4%,

주말 49.7%)으로 나타났다. 주중과 주말을 비교해 보면 주말에는 주중보다 만화를 보지 않는 학생도 늘어나고, 만화를 장시간 보는 학생도 늘어남을 볼 수 있다. 주중에는 22.8%의 학생이 만화를 전혀 보지 않는다고 답했는데, 주말에는 약간 늘어난 26.4%의 학생이 그러하다고 답했다. 이것은 온라인 게임 이용 시간이 주말에 급격하게 늘어남과 상관성이 있는 것으로 보인다. 여가 시간에 컴퓨터 앞에 앉아 있는 시간이 늘어나고 상대적으로 다른 놀이 문화인 만화의 이용 시간은 줄어든 것으로 해석할 수 있다. 또한 2시간 이상 만화를 보는 학생도 주중에는 18.9%에서 주말에는 23.9%로 늘어났다.

남녀 간의 차이도 약간은 있었다. 남학생이 여학생보다는 만화를 접하는 빈도가 높았으며, 만화를 장시간 보는 학생의 비율도 남학생이 여학생보다 많게 나타났다.

(7) 교육용/교양용 도서

책은 그 가치가 다른 어떤 매체보다 높게 평가되고, 실제로도 그렇다. 전통적으로 강조해 온 독서의 가치는 세월이 흐를수록 더욱 커져서 현재는 독서는 인성과 지성, 감성의 형성에 빠져서는 안 될 하나의 요소로 자리잡았다. 그만큼이나 중요한 독서는 아무리 강조해도 지나침이 없지만, 학생들의 반응은 어른들의 생각만큼 그리 간절하지는 않다. 책 읽는 게 좋아서 그냥 읽는 내적인 동기 때문에 독서를 하기보다는 선생님이나 부모님들의 외적인 압력 때문에 독서를 하는 경우가 더 많기 때문에 독서로 얻는 가치가 다소 반감되는 경향이 있다. 그렇게 중요한 책 읽기에 우리나라의 초등학생들은 얼마나 많은 시간을 투자하는지 살펴보기로 하자.

〈표 2-10〉 학생들의 교육용/교양용 도서 이용 시간

구분	성별	0시간	~59분	1시간~	2시간~	3시간~	4시간~	5시간~	소계
주중	남	46	133	140	35	26	12	14	406
		11.3	32.8	34.5	8.6	6.4	3.0	3.4	100.0
	여	47	114	113	45	16	4	10	349
		13.5	32.7	32.4	12.9	4.6	1.1	2.9	100.0
	계	93	247	253	80	42	16	24	755
		12.3	32.7	33.5	10.6	5.6	2.1	3.2	100.0
주말	남	78	109	132	46	18	17	6	406
		19.2	26.8	32.5	11.3	4.4	4.2	1.5	100.0
	여	52	122	82	49	22	8	14	349
		14.9	35.0	23.5	14.0	6.3	2.3	4.0	100.0
	계	130	231	214	95	40	25	20	755
		17.2	30.6	28.3	12.6	5.3	3.3	2.6	100.0

학생들의 12.3%(주말은 17.2%)는 전혀 책을 읽지 않는 것으로 나타났다. 조금이나마 책을 읽는 학생들이 약 90% 정도가 된다고 생각하면 다행이지만, 12.3%라는 수치가 그리 낮아 보이지는 않는다. 앞서 텔레비전이나 인터넷, 온라인 게임의 경우 이용자가 주말에는 주중보다 높아졌지만, 책의 경우에는 반대의 현상이 나타났다. 주말에 책을 더 읽지 않는다는 것이다. 이것은 텔레비

전 · 인터넷 · 온라인 게임의 이용 때문에 책 읽는 시간이 그만큼 줄어든 결과로 보인다. 특히나 남학생의 경우 책을 전혀 읽지 않는 학생의 비율이 주중 11.3%에서 주말 19.2%로 늘어난 것은 남학생들이 더 그러한 성향을 가진다.

학생들의 미디어 이용 시간을 주중과 주말로 구분하여 살펴보았을 때, 이용 시간이 어느 정도의 차이를 보이고 있는 것으로 나타났다. 각각의 미디어에 대한 주중과 주말의 이용 시간의 차이가 유의미한지를 파악하기 위해 이용하는 때와 이용 시간에 대해 교차 분석을 실시하였다. 분석 결과는 〈그림 2-3〉과 같다.

〈그림 2-3〉 학생들의 미디어 이용 시간과 때에 대한 교차 분석 결과

<TV>

이용 시간 * 때 교차표

		때		전체
		주중	주말	
이용시간	0시간	58	38	96
	-59분	87	27	114
	1-2시간	225	119	344
	2-3시간	177	170	347
	3-4시간	93	157	250
	4-5시간	34	94	128
	5시간-	81	150	231
전체		755	755	1510

카이제곱 검정

	값	자유도	점근 유의확률 (양쪽검정)
Pearson 카이제곱	133.669	6	.000
우도비	137.521	6	.000
선형 대 선형결합	103.418	1	.000
유효 케이스 수	1510		

a 0 셀 (.0%)은(는) 5보다 작은 기대 빈도를 가지는 셀입니다. 최소 기대빈도는 48.00입니다.

<인터넷>

이용 시간 * 때 교차표

		때		전체
		주중	주말	
이용시간	0시간	118	100	218
	-59분	230	168	398
	1-2시간	247	248	495
	2-3시간	79	137	216
	3-4시간	42	35	77
	4-5시간	18	34	52
	5시간-	21	33	54
전체		755	755	1510

카이제곱 검정

	값	자유도	점근 유의확률 (양쪽검정)
Pearson 카이제곱	34.947	6	.000
우도비	35.285	6	.000
선형 대 선형결합	18.141	1	.000
유효 케이스 수	1510		

a 0 셀 (.0%)은(는) 5보다 작은 기대 빈도를 가지는 셀입니다. 최소 기대빈도는 26.00입니다.

<온라인 게임>

이용 시간 * 때 교차표

		때		전체
		주중	주말	
이용시간	0시간	261	184	445
	-59분	142	106	248
	1-2시간	184	179	363
	2-3시간	83	125	208
	3-4시간	43	65	108
	4-5시간	16	40	56
	5시간-	26	56	82
전체		755	755	1510

카이제곱 검정

	값	자유도	점근 유의확률 (양쪽검정)
Pearson 카이제곱	52.842	6	.000
우도비	53.617	6	.000
선형 대 선형결합	49.158	1	.000
유효 케이스 수	1510		

a 0 셀 (.0%)은(는) 5보다 작은 기대 빈도를 가지는 셀입니다. 최소 기대빈도는 28.00입니다.

<신문>

이용 시간 * 때 교차표

		때		전체
		주중	주말	
이용시간	0시간	294	403	697
	-59분	410	306	716
	1-2시간	40	37	77
	2-3시간	6	7	13
	3-4시간	1	1	2
	4-5시간	1		1
	5시간-	3	1	4
전체		755	755	1510

카이제곱 검정

	값	자유도	점근 유의확률 (양쪽검정)
Pearson 카이제곱	34.346	6	.000
우도비	34.902	6	.000
선형 대 선형결합	20.506	1	.000
유효 케이스 수	1510		

a 6 셀 (42.9%)은(는) 5보다 작은 기대 빈도를 가지는 셀입니다. 최소 기대빈도는 .50입니다.

<광고>

이용 시간 * 때 교차표

		때		전체
		주중	주말	
이용시간	0시간	376	403	779
	-59분	312	271	583
	1-2시간	50	51	101
	2-3시간	9	16	25
	3-4시간	4	6	10
	4-5시간	0	5	5
	5시간-	4	3	7
전체		755	755	1510

카이제곱 검정

	값	자유도	점근 유의확률 (양쪽검정)
Pearson 카이제곱	11.332	6	.079
우도비	13.296	6	.039
선형 대 선형결합	.072	1	.789
유효 케이스 수	1510		

a 4 셀 (28.6%)은(는) 5보다 작은 기대 빈도를 가지는 셀입니다. 최소 기대빈도는 2.50입니다.

<만화>

이용 시간 * 때 교차표

		때		전체
		주중	주말	
이용시간	0시간	172	199	371
	-59분	238	200	438
	1-2시간	203	175	378
	2-3시간	91	111	202
	3-4시간	28	35	63
	4-5시간	12	19	31
	5시간-	11	16	27
전체		755	755	1510

카이제곱 검정

	값	자유도	점근 유의확률 (양쪽검정)
Pearson 카이제곱	12.600	6	.050
우도비	12.632	6	.049
선형 대 선형결합	1.240	1	.266
유효 케이스 수	1510		

a 0 셀 (.0%)은(는) 5보다 작은 기대 빈도를 가지는 셀입니다. 최소 기대빈도는 13.50입니다.

<교육용/교양용 도서>

이용 시간 * 때 교차표

		때		전체
		주중	주말	
이용시간	0시간	93	130	223
	-59분	247	231	478
	1-2시간	253	214	467
	2-3시간	80	95	175
	3-4시간	42	40	82
	4-5시간	16	25	41
	5시간-	24	20	44
전체		755	755	1510

카이제곱 검정

	값	자유도	점근 유의확률 (양쪽검정)
Pearson 카이제곱	13.605	6	.034
우도비	13.656	6	.034
선형 대 선형결합	.448	1	.503
유효 케이스 수	1510		

a 0 셀 (.0%)은(는) 5보다 작은 기대 빈도를 가지는 셀입니다. 최소 기대빈도는 20.50입니다.

학생들의 주중과 주말의 미디어 이용 시간을 0.05의 유의수준으로 교차분석한 결과 TV, 인터넷, 온라인 게임, 신문, 교육용/교양용 도서는 주중과 주말의 이용 시간이 유의미한 차이를 보이고 (p<0.05), 광고와 만화는 큰 차이를 보이지 않음을 알 수 있다 (p>0.05). 이러한 차이는 학생들의 여가 시간 활용과도 큰 관련성이 있음을 알 수 있다. 광고와 만화를 접하는 것은 주중과 주말이 큰 차이가 없지만, 주중에 비해 상대적으로 여가 시간이 많은 주말의 경우에는 미디어를 접하는 시간이 큰 비율로 늘어나는 것으로 보아 주말의 여가 시간을 미디어와의 접촉으로 많이 할애하고 있음을 알 수 있다.

2.2.3. 미디어에 대한 선호도

학생들이 미디어를 이용하는 이유는 다양하겠지만, 이용하는 미디어에 대한 좋고 싫음에는 차이가 있다. 미디어에 대한 선호도는 보통 미디어를 이용하는 시간과 비례한다. 좋아하기 때문에 많이 이용하고, 좋아하지 않기 때문에 이용 시간이 적은 것이다. 실제로 각각의 미디어에 대한 학생들의 선호도가 어느 정도인지 알아보기 위해 좋아하는 정도를 5등급으로 나누어 표시하도록 하였다.

다음의 미디어들을 좋아하는 정도를 표시해 주세요.

	미디어의 유형	선 호 도
1	TV	1 2 3 4 5
2	인터넷	1 2 3 4 5
3	온라인 게임	1 2 3 4 5
4	신문	1 2 3 4 5
5	광고	1 2 3 4 5
6	만화	1 2 3 4 5
7	책(교육용/교양용)	1 2 3 4 5

1: 매우 싫어함
2: 조금 싫어함
3: 보통임
4: 조금 좋아함
5: 매우 좋아함

학생들의 미디어별 선호도 응답 결과는 〈표 2-11〉과 같다.

학생들이 좋아하는 정도가 가장 높게 나타난 미디어는 텔레비전(64.7%)이며, 가장 낮게 나타난 미디어는 광고(7.6%)로 조사됐다. 광고는 오히려 좋아하는 비율보다 싫어하는 비율이 훨씬 높게 나타났다. 광고가 싫다고 답변한 학생은 61.4%로 좋다고 답변한 학생 7.6%와는 큰 차이를 보이는데 이것은 학생들은 광고를 자신들의 생활과 밀접한 관련성이 없다고 인식하기 때문으로 판단된다. 온라인 게임은 매우 좋아한다고 답변한 학생들의 수치가 가장 높게 나타났는데 이는 자신들의 여가 문화와 밀접한 관련성이 있기 때문으로 해석된다.

〈표 2-11〉 미디어에 대한 선호도

미디어 종류 \ 선호도	매우 싫어함	조금 싫어함	보통임	조금 좋아함	매우 좋아함	계
TV	29	40	197	211	278	755
	3.8	5.3	26.1	27.9	36.8	100
인터넷	27	45	232	197	254	755
	3.6	6.0	30.7	26.1	33.6	100
온라인 게임	78	72	136	139	330	755
	10.3	9.5	18.0	18.4	43.7	100
신문	126	206	314	76	33	755
	16.7	27.3	41.6	10.1	4.4	100
광고	285	179	234	43	14	755
	37.7	23.7	31.0	5.7	1.9	100
만화	38	60	200	264	193	755
	5.0	7.9	26.5	35.0	25.6	100
교육용/교양용 도서	78	100	276	181	120	755
	10.3	13.2	36.6	24.0	15.9	100

신문의 경우에는 좋아하는 학생이 적고, 싫어하는 학생이 많아 교육적 접근이 쉽지만은 않아 보인다. 교육용/교양용 도서의 경우에도 좋아하는 정도(39.9%)가 싫어하는 정도(23.5%)보다는 많게 나타났지만 텔레비전, 인터넷, 온라인 게임, 만화에도 그 순위

가 밀려 교육적 가치 창출의 노력이 더 필요할 것으로 보인다. 미디어별 선호도 분포를 살펴보면, 〈그림 2-4〉와 같다.

〈그림 2-4〉 미디어별 선호도 분포

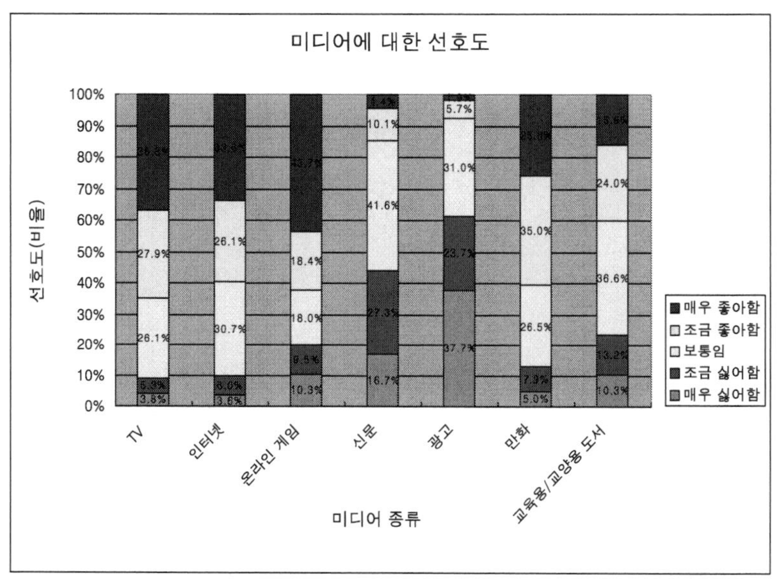

〈그림 2-5〉 미디어별 선호도에 대한 교차분석 결과

-선호도 교차표

잔차

선호도	TV	인터넷	온라인 게임	신문	광고	만화	교육용/교양용 도서
매우 싫어함	-7.8	-8.0	-2.0	3.8	22.6	-6.7	-2.0
조금 싫어함	-7.0	-6.4	-3.3	12.2	9.1	-4.7	.0
보통임	-2.6	.4	-7.8	7.5	.6	-2.3	4.2
조금 좋아함	5.0	3.7	-1.9	-8.0	-11.2	10.2	2.1
매우 좋아함	9.6	7.4	14.5	-13.2	-15.0	1.7	-5.1

각 미디어별로 선호도의 차이를 살펴보기 위해 교차분석을 실시하였다. 분석의 결과는 〈그림 2-5〉와 같다.

수정된 잔차 값으로부터 각 미디어의 특징을 정리하면, 다음과 같다.

- TV는 매우 좋아하는 학생이 많고, 매우 싫어하거나 조금 싫어하는 학생이 적다.
- 인터넷은 매우 좋아하는 학생이 많고, 매우 싫어하는 학생이 적다.
- 온라인 게임은 매우 좋아하는 학생이 많고, 보통인 학생이 적다.
- 신문은 조금 싫어하는 학생이 많고, 매우 좋아하는 학생이 적다.
- 광고는 매우 싫어하는 학생이 많고, 매우 좋아하는 학생이 적다.
- 만화는 조금 좋아하는 학생이 많고, 매우 싫어하는 학생이 적다.
- 교육용/교양용 도서는 보통인 학생이 많고, 매우 좋아하는 학생이 적다.

2.2.4. 미디어의 유익성에 대한 인식

미디어의 유익성[7]은 교육을 담당하는 교사나 학부모도 많은 관심을 가지는 항목 중 하나이다. 학생들이 텔레비전을 자주 보고, 인터넷이나 게임을 그렇게 많이 이용하는 것은 그것이 유익

7) '미디어가 유익한가'에 대한 질문에서 유익성의 실체(어디에 유익한가)에 대한 심층적인 질문을 수반하지 못한 한계점이 있다.

하다는 생각 때문인지 아니면 다른 이유가 있는 것인지 궁금하기 때문이다. 학생들이 생각하는 미디어의 유익성에 대해 각각의 미디어별로 유익성의 정도를 5단계로 나누어 표시하도록 하였다.

다음의 미디어들에 대해 유익한 정도를 표시해 주세요.

순서	미디어의 유형	유익한 정도
1	TV	1 2 3 4 5
2	인터넷	1 2 3 4 5
3	온라인 게임	1 2 3 4 5
4	신문	1 2 3 4 5
5	광고	1 2 3 4 5
6	만화	1 2 3 4 5
7	책(교육용/교양용)	1 2 3 4 5

1: 전혀 도움이 안 됨
2: 별로 도움이 안 됨
3: 보통임
4: 조금 도움이 됨
5: 매우 도움이 됨

〈그림 2-6〉 미디어 유익성에 대한 인식 분포

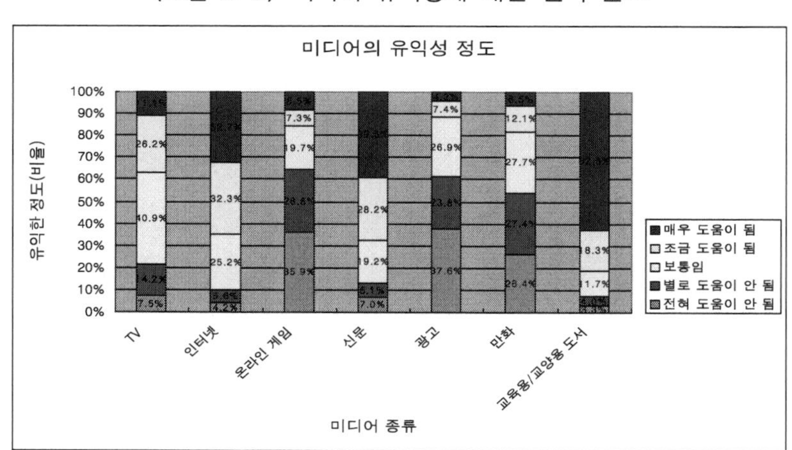

미디어의 유익성에 대한 학생들의 생각은 〈표 2-12〉와 같다.

여러 가지 매체 중 가장 유익하다고 생각한 것은 책이었다. 좋아하지는 않지만 읽으면 도움이 된다는 것을 학생들도 알고 있는 것이다. 교육용/교양용 도서가 유익하다는 학생은 81.8%로 다른 미디어들에 비해 현격한 차이를 보였다. 책 다음 순위로 학생들이 유익하다고 답변한 것은 신문이었다. 신문은 응답자의 67.7%가 유익하다고 답했으며, 13.1%만이 도움이 되지 않는다고 답했다. 그 다음은 인터넷이 자신들에게 도움이 된다고 답했는데, 그 비율은 65%나 되었다. 학생들이 가장 높은 선호도를 보인 온라

〈표 2-12〉 미디어의 유익성에 대한 인식

미디어 종류 \ 유익성 정도	전혀 도움이 안 됨	별로 도움이 안 됨	보통임	조금 도움이 됨	매우 도움이 됨	계
TV	57	107	309	198	84	755
	7.5	14.2	40.9	26.2	11.1	100
인터넷	32	42	190	244	247	755
	4.2	5.6	25.2	32.3	32.7	100
온라인 게임	271	216	149	55	64	755
	35.9	28.6	19.7	7.3	8.5	100
신문	53	46	145	213	298	755
	7.0	6.1	19.2	28.2	39.5	100
광고	284	180	203	56	32	755
	37.6	23.8	26.9	7.4	4.2	100
만화책/만화영화	199	207	209	91	49	755
	26.4	27.4	27.7	12.1	6.5	100
교육용/교양용 도서	25	30	88	138	474	755
	3.3	4.0	11.7	18.3	62.8	100

인 게임의 경우, 학생들이 64.5%가 별로 도움이 되지 않는다고 답변을 했으며, 유익하다고 답변한 학생은 15.8%에 불과했다.

미디어별로 유익성 정도에 대해 교차분석을 실시한 결과 미디어별로 큰 차이가 있음을 알 수 있었다. 교차분석 결과는 〈그림 2-7〉과 같다.

〈그림 2-7〉 미디어별 유익성에 대한 교차분석 결과

미디어-유익성 교차표

수정된 잔차

유익성	TV	인터넷	온라인 게임	신문	광고	만화	책
전혀 도움이 안 됨	-7.7	-10.3	14.4	-8.1	15.8	7.0	-11.0
별로 도움이 안 됨	-1.2	-8.2	10.6	-7.8	6.7	9.6	-9.5
보통임	11.4	.5	-3.3	-3.6	1.7	2.2	-8.8
조금 도움이 됨	5.6	10.2	-8.8	7.1	-8.7	-5.1	-.4
매우 도움이 됨	-8.7	6.4	-10.6	11.1	-13.5	-12.0	27.4

미디어별로 유익성에 대한 학생들의 인식은 다음과 같이 정리할 수 있다.

- TV는 보통이라고 생각하는 학생들이 많고, 매우 도움이 된다고 생각하는 학생이 적다.
- 인터넷은 조금 도움이 된다고 생각하는 학생이 많고, 전혀 도움이 안 된다고 생각하는 학생이 적다.

- 온라인 게임은 전혀 도움이 안 된다고 생각하는 학생이 많고, 매우 도움이 된다고 생각하는 학생이 적다.
- 신문은 매우 도움이 된다고 생각하는 학생이 많고, 전혀 도움이 안 된다고 생각하는 학생이 적다.
- 광고는 전혀 도움이 안 된다고 생각하는 학생이 많고, 매우 도움이 된다고 생각하는 학생이 적다.
- 만화는 별로 도움이 안 된다고 생각하는 학생이 많고, 매우 도움이 된다고 생각하는 학생이 적다.
- 책은 매우 도움이 된다고 생각하는 학생이 많고, 전혀 도움이 안 된다고 생각하는 학생이 적다.

남학생과 여학생 사이에는 인터넷이나 온라인 게임, 광고의 경우 '매우 도움이 됨'과 '전혀 도움이 되지 않음'에 해당하는 수치가 유의미한 차이를 보일 뿐 다른 항목에서는 큰 차이를 보이지 않았다. 〈표 2-13〉은 인터넷, 온라인 게임, 광고의 유익성에 대한 남녀별 인식 차이를 보여준다.

〈표 2-13〉 미디어의 유익성에 대한 남녀별 인식
(인터넷, 온라인 게임, 광고)

	유익한 정도	남		여		계	
인터넷	전혀 도움이 안 됨	18	4.4%	14	4.0%	32	4.2%
	별로 도움이 안 됨	21	5.2%	21	6.0%	42	5.6%
	보통임	90	22.2%	100	28.7%	190	25.2%
	조금 도움이 됨	123	30.3%	121	34.7%	244	32.3%
	매우 도움이 됨	154	37.9%	93	26.6%	247	32.7%
소계		406	100.0%	349	100.0%	755	100.0%
온라인 게임	전혀 도움이 안 됨	121	29.8%	150	43.0%	271	35.9%
	별로 도움이 안 됨	107	26.4%	109	31.2%	216	28.6%
	보통임	90	22.2%	59	16.9%	149	19.7%
	조금 도움이 됨	38	9.4%	17	4.9%	55	7.3%
	매우 도움이 됨	50	12.3%	14	4.0%	64	8.5%
소계		406	100.0%	349	100.0%	755	100.0%
광고	전혀 도움이 안 됨	176	43.3%	108	30.9%	284	37.6%
	별로 도움이 안 됨	89	21.9%	91	26.1%	180	23.8%
	보통임	94	23.2%	109	31.2%	203	26.9%
	조금 도움이 됨	24	5.9%	32	9.2%	56	7.4%
	매우 도움이 됨	23	5.7%	9	2.6%	32	4.2%
소계		406	100.0%	349	100.0%	755	100.0%

인터넷이 매우 도움이 된다고 하는 학생이 남학생은 37.9%, 여학생은 26.6%로 약 11% 정도의 차이를 보였으며, 온라인 게임의 경우에도 남학생의 12.3%가 매우 도움이 된다고 답변했지만, 여학생의 4.0%만이 매우 도움이 된다고 답변했다. 반면 온라인

게임이 전혀 도움이 안 된다고 답한 학생의 비율은 남학생이 29.8%, 여학생이 43.0%로 나타나 남학생들이 본인의 온라인 게임 이용에 대해 다분히 방어적이며 자기변호적인 자세를 취하고 있는 것으로 보인다. 광고를 부정적으로 보는 시각도 여학생들보다는 남학생들에게서 보이는 두드러진 특징이었다. 남학생이나 여학생의 많은 수가 광고가 유익성이 떨어진다고 답변을 했으나 남학생의 43.3%, 여학생의 30.9%가 전혀 도움이 안 된다고 응답을 해 극단적 부정의 비율이 남학생에게서 훨씬 높게 나타났다.

2.2.5. 미디어 수용 태도에 대한 인식

초등학생들의 미디어 수용 양상에 있어서 가장 중요한 부분 중의 하나는 미디어를 어떤 태도로 받아들이느냐 하는 것이다. 미디어에 대한 수용 태도를 긍정적인 방향으로 변화시키는 것이 미디어 교육 실시의 1차 목표가 된다고 해도 과언이 아니다. 주어진 미디어에 대해 긍정적인지 수동적인지, 어느 정도의 비판 능력을 갖추고 있는지를 파악하는 것은 올바른 미디어 교육을 위한 첫걸음이라 할 수 있을 것이다.

학생들의 미디어 수용 태도를 비판과 재생산 측면에서 5등급으로 나누어 스스로의 수용태도를 미디어별로 점검하여 표시하게 하였다.[8] 미디어 수용 태도가 어떠한지 파악하고자 하는 의도도 있지만, 학생들의 자기 평가로서의 가치도 내재해 있다.

다음의 미디어들을 어떠한 태도로 받아들이는지 표시해 주세요.

순서	미디어의 유형	수용 태도
1	TV	1 2 3 4 5
2	인터넷	1 2 3 4 5
3	온라인 게임	1 2 3 4 5
4	신문	1 2 3 4 5
5	광고	1 2 3 4 5
6	만화	1 2 3 4 5
7	책(교육용/교양용)	1 2 3 4 5

1: 보거나 즐기면서 뭔가를 생각한다는 게 귀찮음

2: 별다른 생각없이 그냥 보거나 읽거나 즐김

3: 잘못된 점이나 고칠 점을 가끔은 생각함

4: 잘못된 점이나 고칠 점에 대해 생각하며 보는 경향이 있음

5: 적극적인 자세를 지니고 보거나 읽거나 즐기는 내용을 새롭게 해석하려 노력함

학생들은 대부분의 매체에 대해 무비판적이고 수동적인 입장을 취하고 있는 것으로 나타났다. 텔레비전을 볼 때, 인터넷이나 온라인 게임을 즐길 때에도 미디어가 제공하는 대로 받아들이는 경향이 짙다. 미디어에 대한 학생들의 수용 태도에 대한 조사 결

8) 미디어에 대한 수용 태도를 적극성의 정도와 미디어에 대한 비판과 재생산 정도에 따라 [1: 보거나 즐기면서 뭔가를 생각한다는 게 귀찮음. 2: 별다른 생각 없이 그냥 보거나 읽거나 즐김. 3: 잘못된 점이나 고칠 점을 가끔은 생각함. 4: 잘못된 점이나 고칠 점에 대해 생각하며 보는 경향이 있음. 5: 적극적인 자세를 지니고 보거나 읽거나 즐기는 내용을 새롭게 해석하려 노력함.]의 5단계를 설정하였다. 그러나 이러한 기준 설정은 미디어의 텍스트의 장르에 따라, 미디어를 접하는 상황이나 맥락에 따라 수용 태도의 변화가 수시로 일어나지만, 그러한 면까지 다각적으로 고려하지 못한 한계점을 지니고 있다. 그러나 학생들이 각각의 미디어를 접할 때 일반적으로 어떠한 태도를 가지는지에 대한 개략적인 실태 파악에 목적이 있기 때문에 그러한 한계를 지니고 있음에도 불구하고 단선적인 질문으로 대신하였다.

과는 〈표 2-14〉에 제시하였다.

〈표 2-14〉 학생들의 미디어 수용 태도

수용 태도	보거나 즐기면서 뭔가를 생각한다는 게 귀찮음.	별다른 생각 없이 그냥 보거나 읽거나 즐김.	잘못된 점이나 고칠 점을 가끔은 생각함.	잘못된 점이나 고칠 점에 대해 생각하며 보는 경향이 있음.	적극적인 자세를 지니고 보거나 읽거나 즐기는 내용을 해석하려는 경향이 있음.	계
TV	55	300	166	129	105	755
	7.3	39.7	22.0	17.1	13.9	100
인터넷	50	237	193	144	131	755
	6.6	31.4	25.6	19.1	17.4	100
온라인 게임	125	282	147	88	113	755
	16.5	37.3	19.5	11.7	15.0	100
신문	115	175	196	124	145	755
	15.2	23.2	26.0	16.4	19.2	100
광고	260	237	171	54	33	755
	34.4	31.4	22.6	7.2	4.4	100
만화	95	303	181	86	90	755
	12.6	40.1	24.0	11.4	11.9	100
교육용/교양용 도서	75	116	151	129	284	755
	9.9	15.4	20.0	17.1	37.6	100

텔레비전 47%, 인터넷 38%, 온라인 게임 54.8%, 신문 38.4%, 광고 65.8%, 만화 52.7%, 책 25.3%에 해당하는 학생들이 보거나 즐기면서 뭔가를 생각한다는 것이 귀찮고, 별다른 생각 없이 그냥 보거나 읽거나 즐긴다고 답했다. 학생들의 미디어 수용 태도에 심각한 문제를 드러내는 결과가 아닐 수 없다. 비판적인 입장을 취하는 학생이 적지는 않으나 학생들이 미디어를 접할 때 그

러한 태도를 갖는 것은 항상 있는 일은 아니며, 자신의 가치관이 나 신념에 대치되는 경우가 대부분일 것이다. 다른 매체에 비해 교육용이나 교양용 도서를 접할 때, 가장 적극적인 태도로 임한다는 결과가 나타났다(37.6%). 이는 학생들 스스로 그러한 경향성을 지니려고 하는, 그것이 바른 태도라는 인식에서 온 결과로 보인다.

미디어별로 수용 태도에 어떠한 특징이 있는지를 살펴보기 위해 교차분석을 실시하였다. 분석 결과는 〈그림 2-8〉과 같다.

〈그림 2-8〉 미디어별 수용 태도에 대한 교차분석 결과

미디어-수용 태도 교차표

수정된 잔차

수용 태도	TV	인터넷	온라인 게임	신문	광고	만화	책
태도 1	−6.2	−6.7	1.6	.5	16.6	−1.7	−4.0
태도 2	5.5	.1	3.9	−5.2	.1	5.7	−10.2
태도 3	−.6	2.0	−2.4	2.2	−.1	.8	−2.0
태도 4	2.4	4.1	−2.2	1.8	−6.0	−2.4	2.4
태도 5	−2.5	.2	−1.6	1.7	−10.0	−4.0	16.2

교차 분석 결과를 통해 드러난 각 미디어별 학생들의 수용 태도를 정리하면 다음과 같다.

- TV는 별다른 생각 없이 그냥 보거나 즐기는 학생이 많지만,

보거나 즐기면서 뭔가를 생각하는 게 귀찮다고 여기는 학생도 적게 나타났다.

• 인터넷은 잘못된 점이나 고칠 점을 생각하며 이용하는 학생이 많고, 인터넷을 이용하며 뭔가를 생각하는 게 귀찮다고 여기는 학생은 적다.

• 온라인 게임은 별다른 생각 없이 그냥 즐기는 학생이 많은 반면, 잘못된 점이나 고칠 점에 대해 생각하며 즐기는 학생은 적은 것으로 나타났다.

• 신문은 아무 생각 없이 읽는 학생은 적고, 잘못된 점이나 고칠 점을 가끔은 생각하는 학생은 많았다.

• 광고는 보면서 뭔가를 생각하는 게 귀찮다고 여기는 학생이 매우 많은 반면, 적극적인 자세를 지니고 보거나 읽는 내용을 새롭게 해석하려는 노력을 학생은 매우 적은 것으로 나타났다.

• 만화는 별다른 생각 없이 즐기는 학생이 많고, 재생산 측면에서 만화를 접하는 학생은 적게 나타났다.

• 교육용/교양용 도서는 매우 많은 학생이 적극적인 자세를 지니고 책을 읽고 있는 것으로 나타났고, 별다른 생각 없이 책을 읽는 학생은 적었다.

〈그림 2-9〉 학생들의 미디어별 수용 태도 분포

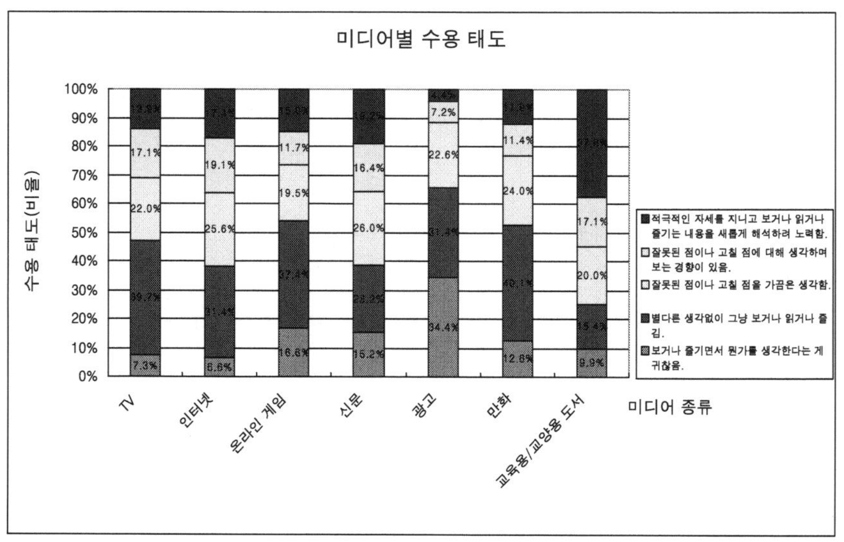

미디어 수용 태도에 있어서 남학생과 여학생의 차이는 크게 두드러지는 경우는 온라인 게임과 광고이다. 남학생들은 온라인 게임에 대해 다소 자기 방어적 입장을 취해 본인들 스스로 비판적 시각을 지니며 수용하고 있다고 말하고 있고, 광고에 대해서는 여학생들보다 훨씬 수동적인 태도를 취한다. 〈표 2-15〉는 온라인 게임과 광고의 수용 태도에 대한 남녀 간의 차이를 보여준다.

<표 2-15> 남녀별 미디어 수용 태도(온라인 게임, 광고)

미디어	수용 태도	남		여		계	
온라인 게임	보거나 즐기면서 뭔가를 생각한다는 게 귀찮음.	46	11.3	79	22.6	125	16.6
	별다른 생각없이 그냥 보거나 읽거나 즐김.	143	35.2	139	39.8	282	37.4
	잘못된 점이나 고칠 점을 가끔은 생각함.	82	20.2	65	18.6	147	19.5
	잘못된 점이나 고칠 점에 대해 생각하며 보는 경향이 있음.	52	12.8	36	10.3	88	11.7
	적극적인 자세를 지니고 보거나 읽거나 즐기는 내용을 새롭게 해석하려 노력함.	83	20.4	30	8.6	113	15.0
소계		406	100.0	349	100.0	755	100.0
광고	보거나 즐기면서 뭔가를 생각한다는 게 귀찮음.	171	42.1	89	25.5	260	34.4
	별다른 생각없이 그냥 보거나 읽거나 즐김.	115	28.3	122	35.0	237	31.4
	잘못된 점이나 고칠 점을 가끔은 생각함.	76	18.7	95	27.2	171	22.6
	잘못된 점이나 고칠 점에 대해 생각하며 보는 경향이 있음.	24	5.9	30	8.6	54	7.2
	적극적인 자세를 지니고 보거나 읽거나 즐기는 내용을 새롭게 해석하려 노력함.	20	4.9	13	3.7	33	4.4
소계		406	100.0	349	100.0	755	100.0

2.3. 초등학생의 미디어 학습 실태 분석

초등학생들의 미디어 학습 실태 분석은 미디어 교육이 실제로 어떻게 학교 현장에서 이루어지고 있는가를 파악하는 것이 주목적이다. 학생들은 미디어 교육에 대한 경험이 어느 정도 있는지, 학생들이 갖는 미디어 교육 경험은 기능이나 인식, 참여, 비판 중 어떤 측면에서 이루어진 교육인가, 교육적 효과가 어떠하다고 생각하는지 등에 관련된 질문들이 논리적이고 조직적으로 구성되어 정확한 학습 실태를 파악하는 데 도움을 주어야 한다. 그렇지만, 미디어 교육이 아직 초등학교 현장에 정착되지 못하고 있으며, 학생들이 미디어 교육이 무엇인지에 대한 정확한 개념 정리가 안 된 상황이기 때문에 본 연구에서는 심도 있는 설문을 실시하지 못하고 미디어 교육에 관한 개략적인 문항으로만 구성하였다. 질문은 미디어에 대한 교육 경험, 미디어 교육이 실시될 때 수용 의사 등이다.

2.3.1. 미디어에 대한 학습 경험[9)]

교실 안에서는 많은 형태의 텍스트들이 서로 유기적으로 연관되어 교육 내용을 구성한다. 국어 시간에는 교과서의 텍스트만 다루어지는 것이 아니라 학습 목표, 학습 내용과 연관된 많은 자료들-신문 기사, 인터넷 정보, 교사와 학생의 배경 지식 등-이 수업의 요소로 활용되는 것이다. 미디어가 다루어지는 교육 환경은

9) 미디어 교육의 교육 경험은 다루는 내용에 따라 기능에 관련된 교육인지, 미디어 비판에 관련된 교육인지, 참여적 성격을 띠는 교육인지를 구분지어 논리적이고 심도 있는 설문으로 구조화해야 하지만, 설문에 응하는 학생들은 미디어 교육에 대한 상위 개념과 하위 개념을 분간할 수 있는 능력이 부족하고, 미디어에 대한 교육의 기회나 언급이 공식적으로 이루어지지 않고 여러 교과를 통해 간헐적으로 이루어지기 때문에 심화된 질문으로 발전시키기는 데에 다소 무리가 있었다.

흔히 다른 내용을 목표로 하는 수업에서 보조적 구실로 등장하는 경우가 대부분이다. 이렇기 때문에 학생들의 미디어에 대한 교육 경험은 의도성보다는 우연적인 성격이 짙다. 학생들의 미디어에 대한 교육 경험 정도를 알아보기 위해 의도성을 배제하고 각각의 미디어에 대해 교육 경험을 '거의 없었음, 몇 번 있었음, 자주 있었음'으로 나누어 조사했다.

다음의 미디어들에 대한 교육을 받은 경험이 있는지 표시해 주세요.

순서	미디어의 유형	교육 경험의 유무
1	TV	1 2 3
2	인터넷	1 2 3
3	온라인 게임	1 2 3
4	신문	1 2 3
5	광고	1 2 3
6	만화	1 2 3
7	책(교육용/교양용)	1 2 3

1: 거의 없었음.
2: 몇 번 있었음.
3: 자주 있었음.

학생들이 자신들의 미디어 교육에 대한 경험을 표시한 결과는 미디어 교육의 필요성을 극명하게 드러내 준다. 아래 〈표 2-16〉은 학생들이 응답한 결과를 표로 나타낸 것이다.

〈표 2-16〉 학생들의 미디어에 대한 학습 경험

교육 경험 / 미디어 종류	거의 없었음	몇 번 있었음	자주 있었음	계
TV	388	285	82	755
	51.4	37.7	10.9	100
인터넷	261	323	171	755
	34.6	42.8	22.6	100
온라인 게임	454	183	118	755
	60.1	24.2	15.7	100
신문	474	166	115	755
	62.8	22.0	15.2	100
광고	603	119	33	755
	79.8	15.8	4.4	100
만화	473	204	78	755
	62.7	27.0	10.3	100
교육용/교양용 도서	297	186	272	755
	39.3	24.6	36.1	100

학생 755명의 절반이 넘는 학생이 미디어 교육 경험에 대해서 TV(51.4%), 온라인 게임(60.1%), 신문(62.8%), 광고(79.8%), 만화(62.7%) 영역에 교육 경험이 거의 없었다고 응답했다. 인터넷이나 교육용/교양용 도서에 대한 지도를 몇 번 받았다고 대답한 학생들과 거의 없었다고 답한 학생의 수를 합산하면 절반이 훨씬 넘는다. 교육 경험이 가장 많은 매체는 교육용/교양용 도서로 나타났으나(자주 있었음 36.1%, 몇 번 있었음 24.6%) 이에 대해서도 학생의 39.3%가 거의 없었다고 응답했다. 가르치는 교사 입장에서 보았을 때, 쉽게 이해가 안 되는 통계 결과라고 보여진다.

하지만 이는 학생들이, 독서 교육의 중요성을 강조하고 책을 읽으라고 요구하는 것은 한 권의 책 안에 내재된 가치를 공부하는 것과는 별개의 개념으로 생각한 것으로 보인다. 즉 학생들이 생각하는 교육 경험은 구체적으로 교육의 대상으로부터 교육 내용을 추출하여 그것에 대해 언급하고 학습하는 과정을 가리키는 것이다.

교육용/교양용 도서를 제외하고 인터넷에 대한 교육 경험치가 높게 나타났다. 교육을 받은 적이 있다고 대답한 학생은 전체 응답자의 65.4%나 되었고, 이 중 자주 있었다고 응답한 학생은 22.6%였다. 〈그림 2-10〉은 학생들의 미디어에 대한 교육 경험 정도를 도표로 나타낸 것이다.

〈그림 2-10〉 학생들의 미디어에 대한 교육 경험 분포

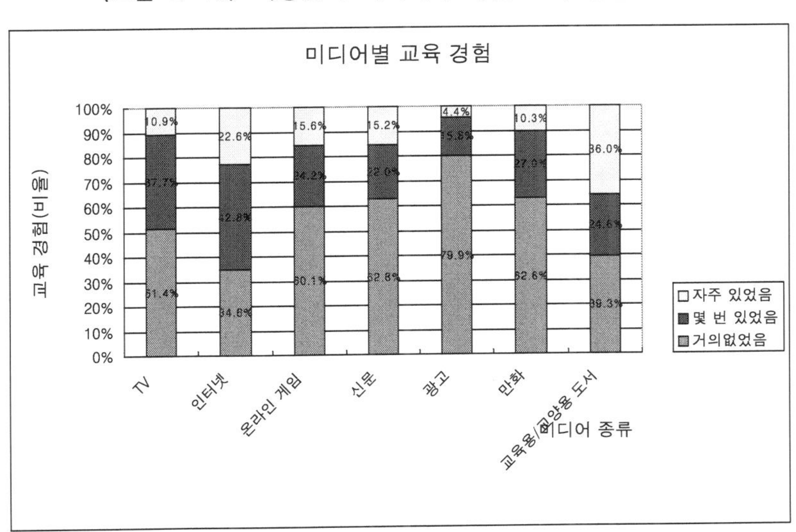

산술적인 수치의 분석에 덧붙여 미디어에 대한 학습 경험의 교차 분석을 통해 미디어별로 어떤 양상을 보이는지 구체적으로 살펴볼 수 있다. 교차 분석 결과는 〈그림 2-11〉과 같다.

〈그림 2-11〉 미디어별 학습 경험에 대한 교차분석 결과

미디어-학습 경험 교차표

수정된 잔차

학습 경험	TV	인터넷	온라인 게임	신문	광고	만화	책
거의 없었음	-2.6	-12.7	2.6	4.2	14.4	4.1	-9.8
몇 번 있었음	6.6	10.0	-2.3	-3.8	-7.9	-.5	-2.1
자주 있었음	-4.5	5.0	-.7	-1.0	-9.7	-4.9	15.7

미디어별로 살펴보면, TV는 몇 번 있는 편, 인터넷도 몇 번 있는 편, 온라인 게임은 거의 없는 편, 신문도 거의 없는 편, 광고도 거의 없는 편, 만화도 거의 없는 편, 책은 자주 있는 편이라고 말할 수 있다.

2.3.2. 미디어 수업에 대한 수용 의사

미디어 교육에 대한 요구는 필요성 측면과 교수-학습 측면으로 나누어 생각해 볼 필요가 있다. 미디어 교육이 필요하다고 인식은 하지만 실제적으로 수업을 받을 의사가 있느냐는 교육적 요구도

매우 중요한 문제이기 때문이다. 학생들의 미디어 수업에 대한 수용 의사의 분포를 알아보기 위해 다음과 같은 질문을 하였다.10)

미디어에 대한 교육을 학교에서 실시한다면 수업을 받고 싶은 생각이 있습니까? (1) 매우 받고 싶다. (2) 받고 싶은 생각이 조금은 있다. (3) 보통이다. (4) 별로 받고 싶은 생각은 없다. (5) 받고 싶은 생각이 전혀 없다.

학생들이 응답한 결과는 다음 <표 2-17>과 같다.

<표 2-17> 학생들의 미디어 수업에 대한 수용 의사

수업 의향 / 성별		매우 받고 싶다	받고 싶은 생각이 조금은 있다	보통이다	별로 받고 싶은 생각은 없다	받고 싶은 생각이 전혀 없다	계
남		79	146	103	43	35	406
		19.5	36.0	25.4	10.6	8.6	100.0
여		54	127	111	39	18	349
		15.5	36.4	31.8	11.2	5.2	100.0
계		133	273	214	82	53	755
		17.6	36.2	28.3	10.9	7.0	100.0

10) '미디어 교육을 받을 의향이 있느냐'라는 질문에 있어서 우선되어야 할 것은 미디어 교육의 개념에 대한 교육이다. 미디어 교육이 무엇인지를 알아야 그것에 대한 수용 의사를 밝힐 수 있기 때문이다. 설문을 실시하기에 앞서 설문의 배포와 회수를 책임지는 교사들에게 미디어 교육에 관한 간단한 교육 자료를 배부하여 설문 실시 전에 학생들에게 미디어 교육에 대한 기본 개념에 대한 교육을 실시토록 권장하였다.

〈그림 2-12〉 학생들의 미디어 수업에 대한 수용 의사 분포

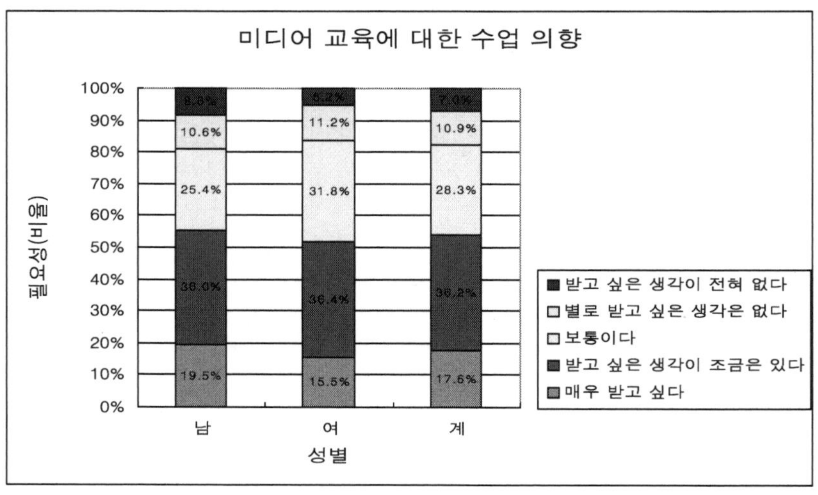

학교에서 미디어 교육을 실시한다면, 교육을 받을 의향이 있느냐 하는 물음에 대한 답변에 나타난 학생들의 교육적 요구는 다소 긍정적인 경향을 보였다. 응답자의 53.6%가 '받고 싶다'고 답을 했으며, 17.9%가 수업에 대한 반감을 드러냈다. 그렇지만, 응답자의 절반 이상이 미디어 교육이 필요하며, 학교에서 미디어 교육이 실시된다면 받겠다고 응답한 점은 미디어 교육이 실시되어야 할 당위성 중 수요자의 요구를 반영할만한 충분한 근거가 될 수 있다.

미디어 교육에 대한 학생들의 수용 의사를 조사한 결과는 학생들의 일반적인 의식 수준을 나타내고 있는지를 알아보기 위해 적합도 검정을 실시하였다. 검정의 결과는 〈그림 2-13〉과 같다.

〈그림 2-13〉 미디어 교육에 대한 수용 의사 적합도 검정

인원

	관측수	기대빈도	잔차
53	53	151.0	-98.0
82	82	151.0	-69.0
133	133	151.0	-18.0
214	214	151.0	63.0
273	273	151.0	122.0
합계	755		

검정 통계량

	인원
카이제곱	222.132
자유도	4
근사 유의확률	.000

a 0 셀 (.0%)은(는) 5보다 작은 기대빈도를 가집니다. 최소 셀 기대빈도는 151.0입니다.

위의 검정 결과는 신뢰 수준 95%로 설정하여 도출된 결과이다. 검정 결과 유의확률이 0.000로 0.05보다 작기 때문에 조사 결과는 유의미하다고 판단할 수 있다. 곧, 조사 자료는 초등학교 고학년 학생들의 일반적인 인식을 대변하고 있다고 판단할 수 있는 것이다.

3. 초등 교사의 미디어 교수와 인식 실태

우리나라 교육과정에는 어느 교과든지 '미디어'라는 영역이 설정되어 있지 않기 때문에 교사들에게 미디어 교육은 생소한 분야이다. 그렇지만 앞서 제7차 국어과 교육과정에서 일부 포함하고 있는 내용도 있기 때문에 간헐적으로 실시되고 있을 가능성은 있다. 이 절에서는 교사들의 미디어에 대한 교수 실태와 미디어 교육에 대한 인식 실태를 알아보고자 한다.

3.1. 설문의 기초 자료

3.1.1. 설문 대상

교사의 인식에 대한 설문 조사는 서울과 경기 소재의 초등학교

〈표 3-1〉 설문 조사 참여 교사의 성별, 연령별 분포

연령대 \ 성별	남	여	계
20 - 29세	7	63	70
30 - 39세	21	147	168
40 - 49세	18	178	196
50세 이상	28	98	126
계	74	486	560

6곳을 선정하여 선정된 학교에 재직 중인 교사를 중심으로 실시하였다. 선정 학교는 서울의 도봉구 소재의 A 초등학교, 은평구 소재의 B 초등학교, 광진구 소재의 C 초등학교, 강남구 소재의 D 초등학교, 성동구 소재의 E 초등학교, 경기도 광주 소재 F 초등학교로 학생 설문 조사에 참여했던 4개 학교에 2개 학교가 더 추가되었다. 학생들은 고학년 학생들만 설문에 참여하였지만, 교사의 경우는 학년 구분을 두지 않고 설문을 실시하였다.[11] 설문에 참여한 교사의 인원은 모두 560명이었으며, 이 중 남교사는 74명,

11) 초등학교 교사는 특정 학년만을 담당하지 않기 때문에 모든 교사가 모든 학년에 대한 교수 능력이나 교수 경험이 있다고 가정하여 따로 학년 구분을 두지 않고 설문을 실시하였다. 학생의 경우에는 고학년 학생들을 대상으로 설문을 실시하는 것은 학습 경험의 누적을 고려하여 초등학교 학생들의 미디어 교육의 실태 가장 잘 파악할 수 있기 때문이라 판단했기 때문이며, 교사의 경우에는 어느 특정 학년에 대한 교수 경험이나 인식을 분석할 필요성이 없고, 또 그것이 교사의 인식이나 교수 실태를 좌우할 만한 변인이 되지 않는다고 판단했기 때문이다.

여교사는 486명이었다. 설문에 참여한 교사들의 성별, 연령별 분포는 〈표 3-1〉과 같다.

조사에 참여한 교사는 연령대별로 20대 70명, 30대, 168명, 40대 196명, 50대 이상 126명이었다. 조사 결과의 분석은 연령대와 교직 경력별로 이루어지기 때문에 설문에 참여한 교사들의 교직 경력을 5년 단위로 구분하여 분류하였다. 분류 결과는 〈표 3-2〉와 같다.

〈표 3-2〉 설문 조사 참여 교사의 교직 경력별 분포

연령대 \ 교직경력		5년 미만	5-10년	11-15년	16-20년	20년 이상	계
20-29세		53	17	0	0	0	70
30-39세		21	84	49	14	0	168
40-49세		0	0	7	98	91	196
50세 이상		0	0	4	4	118	126
계	인원	74	101	60	116	209	560
	%	13	18	11	21	37	100

교직 경력별로는 16년 이상 교직에 근무한 교사가 전체 조사 인원의 58%로 가장 많았고, 대체적으로 젊은 교사들이 많이 포함된 10년 미만인 교사의 수는 175명으로 조사 인원의 31%를 차지했다.

〈그림 3-1〉 설문 참여 교사의 교직 경력별 분포

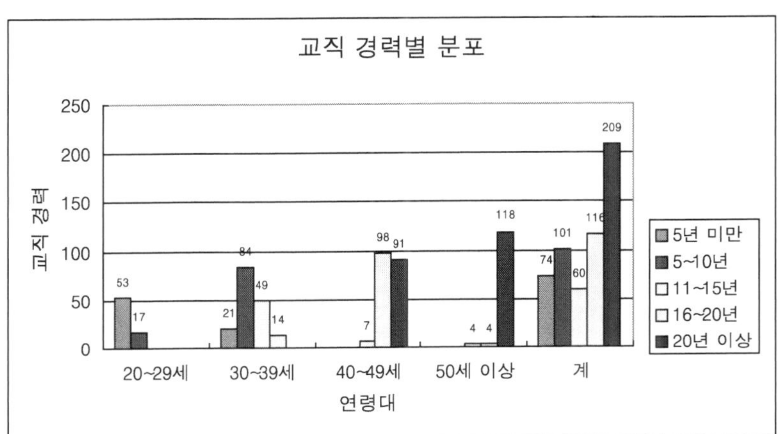

3.1.2. 설문 항목

미디어 교육과 관련하여 교사들의 인식 실태를 조사하기 위해 작성된 설문 항목은 모두 6개 항목으로 미디어 교육에 대한 실태와 미디어 교육에 대한 인식을 파악할 수 있는 기본 항목으로 구성하였다. 가르친 경험의 유무와 가르친 이유, 미디어 교육의 학교 교육 도입과 국어 교육 수용에 관련된 문항을 제시하였다.

1) 미디어의 종류별로 가르친 경험이 있는가?(최근 3년 이내)

2) 가르친 경험이 있다면 그것을 왜 가르쳤는가?

3) 미디어 교육의 개념에 대해 어떻게 알고 있었는가?

4) 미디어 교육의 학교 교육 도입에 대해 어떻게 생각하는가?
5) 국어 교육에 미디어 교육을 수용하는 방안에 대해 어떻게 생각하는가?
   5-1) 국어 교육 내 미디어 교육 수용이 바람직하다고 생각하는 이유는 무엇인가?
   5-2) 국어 교육 내 미디어 교육 수용이 바람직하지 않다고 생각하는 이유는 무엇인가?
6) 미디어 교육 실시할 의향이 있는가?

이것을 미디어 교수와 미디어 교육에 대한 인식의 두 측면으로 나누어 조사 결과를 작성하였다. 미디어 교수와 인식에 대한 분류는 〈표 3-3〉과 같다.

〈표 3-3〉 교사들의 미디어 교수와 인식 실태 파악을 위한 항목 분류

구 분	설문 문항
미디어 교수 실태	1) 미디어에 대해 가르친 경험이 있는가? 2) 가르친 경험이 있다면 그것을 왜 가르쳤는가? 6) 미디어 교육을 실시할 의향이 있는가?
미디어 교육에 대한 인식	3) 미디어 교육의 개념에 대해 어떻게 알고 있었는가? 4) 미디어 교육의 공교육화에 대해 어떻게 생각하는가? 5) 국어 교육에 미디어 교육을 수용하는 방안에 대해 어떻게 생각하는가?

3.2. 초등 교사의 미디어 교수 실태 분석

3.2.1. 미디어에 대한 교수 경험

현행 초등학교 교육과정에는 미디어 관련 영역이 설정되어 있지 않기 때문에 교사들은 양성 과정이나 현직 연수 때에도 미디어 교육에 관련된 연수를 받기 힘든 실정이다. 한국언론재단이나 전국국어교사모임을 통해 일부 교사들이 미디어에 관심을 가지고 연수와 그에 이은 교육을 실시하기도 하지만, 그러한 교사들도 중등 교육을 담당하고 있는 경우가 대부분이다. 중등 교사와는 상대적으로 미디어 교육과는 동떨어져 있는 초등 교사들은 미디어 교육에 대한 교수 경험이 어느 정도 되는지 미디어별로 살펴보기로 하자.

다음의 미디어들에 대해 가르친 경험의 유무(최근 3년)를 표시해 주시기 바랍니다.

미디어의 유형	가르친 경험의 유무 (최근 3년)
TV	1 2 3
인터넷	1 2 3
온라인 게임	1 2 3
신문	1 2 3
광고	1 2 3
만화	1 2 3
책(교육용/교양용)	1 2 3

1: 거의 없었음.
2: 몇 번 있었음.
3: 자주 있었음.

① 텔레비전

텔레비전은 역사도 오래되었고, 학생들이 접촉하는 가장 흔한 매체이기 때문에 그에 따른 교육은 과거로부터 있어왔다. 텔레비전 바르게 보기 운동에서부터 텔레비전 안 보기 운동에 이르기까지 텔레비전에 대한 관심과 학생들에 대한 교육은 지속적으로 이루어져 왔다. 그러나 이러한 교육적 움직임은 대부분 사회 교육 차원에 이루어진 것이 대부분이며, 학교 교육에서는 교사의 재량에 따라 실시되거나 거의 이루어지지 않은 것이 사실이다. 그렇다면 과연 우리나라의 초등 교사들은 텔레비전에 대해 그 내용과는 상관없이 교육 현장에서 교육적인 의도로 어느 정도로 다루고 있는지 그 실태를 살펴보자.

〈표 3-4〉 초등 교사들의 TV에 대한 교수 경험 분포

연령대		거의 없었음	몇 번 있었음	자주 있었음	계
20-29세	인원	35	18	17	70
	%	50.0	25.7	24.3	100.0
30-39세	인원	49	91	28	168
	%	29.2	54.2	16.7	100.0
40-49세	인원	35	94	67	196
	%	17.9	48.0	34.2	100.0
50세 이상	인원	18	56	52	126
	%	14.3	44.4	41.3	100.0
계	인원	137	259	164	560
	%	24.5	46.3	29.3	100.0

텔레비전에 대한 초등 교사들의 교수 경험을 조사한 결과, 교직 경력이 많을수록 자주 가르친 것으로 나타났다. 20대 교사의 절반이 텔레비전에 대해 학생들에게 가르친 경험이 거의 없다고 답한 반면, 40대 이상의 교사들은 거의 대부분이 교수 경험이 있다고 응답했다. '거의 없었다'고 답한 교사의 비율을 보면, 50.0% → 29.2% → 17.9% → 14.3%로 20대에서 50대로 갈수록 그 수치가 줄어듦을 알 수 있다. 또 '자주 있었다'고 답한 교사들의 비율도 그와 비슷한 현상을 보였다. 24.3% → 16.7% → 34.2% → 41.3%로 20대와 30대 교사의 교수 경험 비율에서 20대 교사의 비율이 조금 앞서긴 했지만, 교직 경력이 많을수록 자주 가르쳤다고 응답했다. 이는 교직 경력이 많을수록 가르치는 교육 내용의 양이 늘어나고 교육 내용 면에서도 다양성을 추구하기 때문이라고 생각된다. 그러나 텔레비전뿐만 아니라 전반적으로 미디어에 대한 관심과 교육 의지, 교수 경험은 젊은 층의 교사들에게 더 높게 나타날 것이라고 예상했었지만, 예상과는 달리 반대의 결과가 도출된 점도 주목할 만하다.

② 인터넷

인터넷은 텔레비전과 더불어 이용 연령의 구애를 받지 않는 미디어이다. 교사들도 접하는 정보의 내용은 다르겠지만, 학생들만큼이나 인터넷을 많이 이용한다. 텔레비전보다는 정보의 양이나 다양성 면에서 월등하기 때문에 그만큼이나 학생들에게 직 · 간접적으로 교육할 기회가 많다. 또한 텔레비전과는 달리 학교에서 교육용으로 인터넷을 많이 활용하기 때문에 교사의 교육 의도가 어느 정도만 개입이 되면 인터넷에 대한 교육이 이루어질 수 있는 매체이다. 교사의 교육 의도는 다양한 관점에서 이루어질 수 있지만, 얼마나 자주 인터넷이라는 매체에 대해 교육을 하는지 알아보자.

〈표 3-5〉 초등 교사들의 인터넷에 대한 교수 경험 분포

연령대		거의 없었음	몇 번 있었음	자주 있었음	계
20-29세	인원	10	21	39	70
	%	14.3	30.0	55.7	100.0
30-39세	인원	4	63	101	168
	%	2.4	37.5	60.1	100.0
40-49세	인원	0	42	154	196
	%	0.0	21.4	78.6	100.0
50세 이상	인원	4	28	94	126
	%	3.2	22.2	74.6	100.0
계	인원	18	154	388	560
	%	3.2	27.5	69.3	100.0

초등 교사들의 인터넷에 대한 교수 경험은 텔레비전에 비해 상당히 높은 수준으로 나타났다. 전체적으로 조사에 응한 교사들의 97.8%가 교수 경험이 있다고 응답했다. 거의 없었다고 응답한

교사는 20대에서 14.3%로 가장 높게 나타났으며, 다른 연령대의 교사들은 5% 미만의 비율로 나타났다. 모든 연령대에서 교사들의 절반 이상이 자주 가르친다고 답을 해 인터넷이 교육적 가치를 충분히 가지고 있음을 짐작할 수 있다.

특이한 점은 젊은 교사들과 교육 경력이 15년 이상 된 교사들과의 차이이다. 상대적으로 인터넷 보급과 함께 인터넷 문화를 향유할 수 있는 기회가 젊은 교사들에게 훨씬 많았을 것이다. 그렇기 때문에 젊은 교사들이 교육 경력이 있는 교사들보다는 인터넷 사용 시간이나 이용 정보가 훨씬 많아서 학생들에게 가르치는 경험치도 높을 것으로 예상이 되었는데, 의외로 교직 경험이 많은 교사의 교수 경험이 높게 나타났다. 이는 교육 현상에 대한 교육적 조치가 교수 경험이 많은 교사들에게서 먼저 자각되기 때문으로 해석된다.

③ 온라인 게임

온라인 게임이 학생들 사이에서 높은 인기를 구가하며 활성화된 것에 비해 교사 세대와는 거리가 멀기 때문에 교사들에게 온라인 게임은 생소한 미디어이다. 온라인 게임은 대부분 성인들보다는 학생들이 주로 이용하며, 학생들이나 20대 초반의 성인을 중심으로 동호회가 형성되고 활성화되기 때문에 교사들이 온라인 게임을 이용하는 회수나 빈도는 극히 드물다. 온라인 게임에 대한 남녀별 차이도 교사들과 온라인 게임 사이의 거리를 멀게 하는 하나의 요인일 것이다. 교사들의 온라인 게임 이용률이 낮다는 것은 온라인 게임의 본질이나 특성에 대해 파악하고 그것을 교육적으로 이용하거나 활용할 기회가 적다는 말과 같은 맥락으로 해석할 수 있다. 그렇기 때문에 온라인 게임에 대한 교수 경험은 다른 미디어에 비해 다소 떨어질 거라 예상하며, 초등 교사들은 온라인 게임에 대해 얼마나 자주 가르치고 있나 살펴보기로 하자.

〈표 3-6〉 초등 교사들의 온라인 게임에 대한 교수 경험 분포

연령대		거의 없었음	몇 번 있었음	자주 있었음	계
20-29세	인원	21	17	32	70
	%	30.0	24.3	45.7	100.0
30-39세	인원	49	66	53	168
	%	29.2	39.3	31.5	100.0
40-49세	인원	109	53	34	196
	%	55.6	27.0	17.3	100.0
50세 이상	인원	77	32	17	126
	%	61.1	25.4	13.5	100.0
계	인원	256	168	136	560
	%	45.7	30.0	24.3	100.0

설문 조사 결과 예상대로 초등 교사들의 약 반 정도의 비율

(45.7%)이 온라인 게임에 대한 교수 경험이 거의 없는 것으로 나타났다. '몇 번 있었다'고 응답한 교사는 전체의 30.0% 정도였으며, '자주 있었다'고 답한 교사는 24.3%였다.

온라인 게임에 대한 교수 경험에서는 교사의 연령에 따른 차이가 뚜렷했다. 특히 20 · 30대 교사와 40 · 50대 교사로 양분된 현상을 보였다. 20대와 30대 교사의 약 30% 정도가 교수 경험이 거의 없었다고 답한 반면, 40대와 50대 교사의 경우에는 그의 2배 정도인 약 60%의 교사가 교수 경험이 거의 없었다고 답했다. '자주 가르쳤다'고 답한 교사의 비율도 20대에서 50대에 이르기까지 45.7% → 31.5% → 17.3% → 13.5%로 그 수치가 점점 줄어들었다.

교사들이 이러한 현상을 보이는 것은 교사 자신들의 경험이 중요한 요인으로 작용한 것으로 판단된다. 20대와 30대 교사들은 온라인 게임을 어느 정도 접한 세대이기 때문에 온라인 게임의 본질과 성격에 대해 기본적으로 인지하고 있는 상태에서 학생들과 대화를 할 수 있는 기본 소양은 갖추고 있기 때문으로 분석된다.

④ 신문

신문은 앞서 학생들의 미디어 수용 실태에서 보았듯이 학생들에게 그리 친근한 매체는 아니다. 학생들도, 교육적 효과는 인정하지만 그리 좋아하지는 않는다고 응답했다. 신문의 갖는 교육적 활용 가능성은 매우 다양하다. 사회 전반에서 발생되는 최신 정보를 얻을 수 있다는 점, 한 신문 안에 든 폭넓고 다양한 정보를 여러 가지 형태로 활용할 수 있다는 점, 누구나 손쉽게 구할 수 있다는 점, 다른 신문과 비교하며 관점의 차이를 검토할 수 있다는 점, 사진이나 도표, 그림 등을 다면적으로 활용할 수 있다는 점, 스크랩 등을 통해 보존할 수 있다는 점, 교사 자신이 새로운 사실을 알거나 깨달을 수 있다는 점 등 신문의 교육적 가치는 무궁무진하다. 이러한 신문의 장점 때문에 신문을 교육적으로 활용하는 NIE(Newspaper In Education)라는 교육의 형태가 자리를 잡기도 했다.

NIE는 신문을 활용해 학생들의 사고력과 창의력을 키워주는 교육방법으로 신문에 담긴 정보를 통한 살아있는 지식의 습득과 내적 학습 동기의 유발, 소집단 토론 학습을 통한 교육의 효율성 극대화, 다양한 소재 학습을 통한 통합 교과 학습의 구현이라는 성과를 동시에 거둘 수 있는 장점이 있다. 또한 학생 스스로 흥미를 갖고 사회를 총체적으로 보는 시각을 키우는 과정을 통해 교과과정에서 배운 내용을 적용하고 이해를 넓힐 수 있다.

사회적으로 신문의 교육적 가치는 높아지고 있지만, 그것이 초등학교 교실 내에 나름의 위상을 지니고 정립되는 데에는 많은 어려움이 따른다. 정해진 틀 안에서 할당된 교육 내용을 소화해야 한다는 교육과정 운영의 부담감과 교사들의 신문 활용 교육에 대한 전문 지식의 부족이 주원인일 것이다. 이러한 실정에서 초등 교사들은 학교 교실 내에서 얼마나 신문을 교육적으로 활용하는가를 살펴보기로 하자.

〈표 3-7〉 초등 교사들의 신문에 대한 교수 경험 분포

연령대		거의 없었음	몇 번 있었음	자주 있었음	계
20-29세	인원	28	28	14	70
	%	40.0	40.0	20.0	100.0
30-39세	인원	41	81	46	168
	%	24.4	48.2	27.4	100.0
40-49세	인원	32	98	66	196
	%	16.3	50.0	33.7	100.0
50세 이상	인원	25	55	46	126
	%	19.8	43.7	36.5	100.0
계	인원	126	262	172	560
	%	22.5	46.8	30.7	100.0

신문의 교육적 가치에 대해서는 초등 교사의 대부분이 인정하고 있지만, 그것을 교과와 연계를 하거나 특정 주제에 대해 탐구하는 것은 그리 원활히 이루어지지 못하고 있는 실정으로 나타났다. 교사들의 77.5%가 가르쳐 본 경험이 있다고 답했는데, 이중 46.8%가 '몇 번 있었다'고 답을 했다. 결국은 신문에 대한 지속적인 교육보다는 간헐적인 교육이 주를 이루고 있음을 증명하는 부

분이라 할 수 있다.

신문에 대한 교수는 20대 교사와 30 · 40 · 50대 교사의 차이가 두드러졌다. 교수 경험이 전혀 없는 교사의 비율을 보면, 20대 교사의 40%가 전혀 없다고 답을 했고, 30대 교사는 24.4%, 40대 교사는 16.3%, 50대 교사는 19.8%가 전혀 없었다고 응답을 했다. 이는 교사의 교직 경험과 관련이 있는 듯하다. 국어과 교육과정에 신문에 대한 교육이 간헐적으로 포함되어 신문에 대한 교육이 이루어졌기 때문에 교직 경험이 많은 교사일수록 교수 경험이 높게 나타난 것으로 보인다.

⑤ 광고

'자본주의의 꽃'이라고 불리는 광고를 교육적으로 활용한다는 것은 상업성에 중심을 놓고 보면 납득이 안 가는 부분일 수도 있다. 그렇지만 광고 제작의 목적이 소비와 이윤 증대에 있다고 하더라도 한 편의 광고에 들이는 시간, 창의적인 사고와 전략, 팀워크, 이것만으로도 만족스런 교육적 대상이 될 수 있다. 한 편의 광고 속에는 창의적 활동 및 사회적 활동이 포함되어 있으며, 적어도 참여자들의 윤리적 고민이 깃들어 있기 때문이다. 뿐만 아니라 광고는 잘 짜여진 텍스트이기 때문에 교육적 가치가 충분하다. 그렇다면 광고 속에서 어떤 언어 교육적 가치를 발견할 수 있을까?

첫째, 공시적인 언어 사용 양상이 담겨있다. 분명히 광고는 당대의 사회와 문화를 상징적으로 표현해내며, 인쇄 광고는 물론 동영상 TV 광고에 이르기까지 각양각색의 기호 체계를 이용하는 것이다. 따라서 광고를 통해 사회와 문화를 나타내는 언어의 변용 방식을 탐구할 수 있다. 이것은 국어 교과의 표현 교육 범주에서 중요한 과제행위이다.

두 번째는 설득 기제와 원리들이 포함되어 있다. 광고는 궁극적으로 소비자를 설득하여 상품을 구매하게 만드는 것이다. 공익광고나 이미지 광고도 설득이라는 목표에서는 동일하다. 그러므로 광고 행위에서 가장 중요한 점은 바로 설득 기제이다. 어떤 기제를 통해 설득하고자 하는가, 특히 국어 교과 활동에서는 어떤 설득 원리를 바탕으로 광고가 이루어지며, 수신자의 어떤 반응을 예상하며 이루어지고 있는가를 분석하게끔 한다.

세 번째, 쓰기 전략과 읽기 전략을 통해 표현 능력을 배양할 수 있다. 자신의 입장에서 말하고 쓰고 할 수 있는 능력을 갖추는 일이야말로 무엇보다도 중요할 것이다. 광고의 기본 전략을 파악하는 능력을 기르고 그것을 원용한 표현 능력을 길러주기 위해 광고 텍스트 읽기 및 쓰기 전략은 중요한 위상을 지닌다.

이러한 교육적 가치에도 불구하고 학생들의 광고에 대한 인식은 매우 부정적이어서 광고를 교육의 대상으로서 고려의 가치도 없다고 생각한다. 학생들이 이러한 생각을 갖는 데에는 몇 가지 요인이 있겠지만, 교사의 교수 경험도 중요한 요인으로 작용할 수 있었을 것이다. 학생들의 광고에 대한 부정적인 생각에 교사들의 교수 경험은 어느 정도 기여를 했는지 살펴보기로 하자.

〈표 3-8〉 초등 교사들의 광고에 대한 교수 경험 분포

연령대		거의 없었음	몇 번 있었음	자주 있었음	계
20-29세	인원	35	21	14	70
	%	50.0	30.0	20.0	100.0
30-39세	인원	70	77	21	168
	%	41.7	45.8	12.5	100.0
40-49세	인원	52	91	53	196
	%	26.5	46.4	27.0	100.0
50세 이상	인원	46	63	17	126
	%	36.5	50.0	13.5	100.0
계	인원	203	252	105	560
	%	36.3	45.0	18.8	100.0

광고에 대한 초등 교사들의 교수 경험이 어느 정도인지 살펴본 결과, 적극적인 교육 활동이 이루어졌다고 보기에는 어려운 것으로 나타났다. 전체 응답자 중 81.3%가 거의 없었거나 몇 번 있었다고 답을 했고, '자주 있었다'고 답을 한 교사는 18.8%에 불과했다.

연령별로 살펴보면, 40대 교사의 교육 활동이 가장 활발했던 것으로 조사되었다. 40대 교사의 경우, '몇 번 있었다'고 답한 교사는 46.4%, '자주 있었다'고 답한 교사는 27.0%로 40대 교사의

73.4%가 교수 경험이 있었다고 답을 했다. 교수 경험이 가장 부족한 연령대는 20대 교사로 나타났다. 20대 교사의 반은 교수 경험이 없었고, 반은 교수 경험이 있었다고 답을 했는데, 이 중 20%만 '자주 있었다'고 응답을 했다.

이런 결과를 놓고 보았을 때, 학생들의 광고에 대한 부정적이고 편협적인 시각은 교사들의 교수 경험과도 무관하지 않다고 판단된다. 그만큼 교사도 광고에 대한 교수 의지를 가지고 가르친 것도 아니고, 그에 상응하여 학생들도 광고의 교육적 가치를 제대로 파악하지 못하였기 때문에 광고가 초등 교육 현장에서는 그리 각광을 받지 못한 결과를 낳은 것으로 분석된다.

⑥ 만화

만화는 일반적으로 전달하는 매체에 따라 출판 만화와 영상 만화로 구분지을 수 있다. 그러나 최근에 들어서 그 영역이 확대되면서 설치개념의 만화와 더불어 애니메이션과 블록버스터, 팬시용품의 캐릭터 등에 이르기까지 다양한 형태로 각자의 영역을 확장해가고 있는 중이다. 교사나 학생들이 일반적으로 교육 현장에서 접하는 만화는, 일정한 의미를 기호로 전달하는 '텍스트'로서의 본질을 가지고 있다.[12]

12) 인간이 어떤 의도를 갖고 사물과 사건을 표시하는 방법에는 여러 가지 양식과 유형이 있겠으나 우선 시지각의 초기단계에 머무는 유아들의 낙서화로부

만화에 대한 기호학적인 해석이 시도될 때, 이코노텍스트(iconotext)란 개념을 상정하여 '제3의 텍스트'로 지칭하고 있다. '이코노텍스트'란 "글과 그림이 불가분의 관계에 놓인 하나의 단위로서, 그 내부에서는 글도 그림도 삽화적인 기능을 가지지 않으며 보통 '책'의 형태를 가지는 것"(Michael Nerlich, 1990: 268, 박일우, 1995:387에서 재인용)으로 정의한다.

다시 말하면, 현대 산업 사회에서 다중 의사소통이나 정보 전달의 상당 부분은 그림, 도표, 텔레비전 화면, 컴퓨터 모니터 등으로 수행된다. 이러한 형태의 메시지는 궁극적으로는 '글'과 '그림'으로 구성되어 있다. 이렇게 서로 다른 두 종류의 기호 체계가 합성되어 메시지를 전달하거나 의미화 과정을 수행할 때 각각의 기호 체계가 담당하는 역할, 다시 말해 글과 그림의 관계가 일차적인 관심의 대상이 된다. 그런데 이 매체 가운데에도 특히 외견상으로는 글과 그림의 합성으로 보이나 실제로는 글로도 그림으로도 보기 어려운 제3의 텍스트로 이해할 만한 새로운 장르가 나

터 문명의 시작 단계에서 보이는 원시인들의 표기와 같은 원초성을 띤 표현 방법을 볼 수도 있다. 또한 고도로 복잡다단한 현대 문명화된 사회·문화적 조건 속에서 나름의 이디엄과 문맥을 구축하여 재현하는 표현 양식과 매체를 만날 수 있다. 그러나 유아들의 표시양태나 성인들의 표현행위로부터 동서고금에 이르는 예술의 표현형식에는 일관되게 흐르는 양극단의 진동자를 볼 수 있는데 바로 글과 그림이라고 하는 두 정점이 그것이다. 이 둘은 각기 의미와 현실성을 지향하는 기호의 세계와 외양의 세계를 구축하고 있다(http://cafe.naver.com/jkbaek.cafe에서 인용). 의미를 가진 글과 그림의 조합으로 새로운 의미를 창출해 내는 것은 만화가 갖는 본질적인 특징이라 말할 수 있다.

타난다. 이것이 바로 '이코노텍스트'라는 개념이다.

만화가 갖는 이러한 본질은 교육적으로 활용할 만한 가치가 충분히 내재되어 있다. 만화는 기본적으로 학생들과 두루 친밀한 관계를 유지하고 있는 매체이며 일반적으로 언어 현상과 밀접한 연관성을 맺고 있다. 특히 글과 그림의 조합을 통한 의미의 생성 및 다의성의 폭 확대 등으로 언어에 대한 심도 있고 밀도 있는 이해를 도모하는 데 매우 유용한 매체인 것이다(김동환 외, 2000:3).

만화는 현행 교육과정의 교과서에도 실릴 만큼 그 나름의 가치를 인정받고 있다. 이것은 학생들의 만화에 대한 흥미와 관심을 반영한 예라고 볼 수 있을 것이다. 교사들의 교수 경험은 텍스트로서의 만화의 가치를 얼마나 인정하고 있는지 살펴보기로 하자.

〈표 3-9〉 초등 교사의 만화에 대한 교수 경험 분포

연령대		거의 없었음	몇 번 있었음	자주 있었음	계
20-29세	인원	45	11	14	70
	%	64.3	15.7	20.0	100.0
30-39세	인원	60	80	28	168
	%	35.7	47.6	16.7	100.0
40-49세	인원	77	77	42	196
	%	39.3	39.3	21.4	100.0
50세 이상	인원	42	60	24	126
	%	33.3	47.6	19.0	100.0
계	인원	224	228	108	560
	%	40.0	40.7	19.3	100.0

초등 교사들의 만화에 대한 교수 경험은 학생들의 관심도에 많이 미치지 못한 것으로 드러났다. 전체 교사의 40.0%가 교수 경험이 '거의 없었다'고 응답했고, '몇 번 있었다'고 응답한 교사도 40.7%나 되었다. 반면에 '자주 있었다'고 응답한 교사는 19.3% 정도 밖에 되지 않아 교사들의 만화에 대한 교수 경험이 그리 많지는 않은 것으로 나타났다. 이는 만화의 교육적 가치를 교사들이 인정하지 않거나 교육적 가치를 인정하더라도 학습에 투입할 만한 만화가 많지 않다는 생각 때문이라고 분석된다.

연령대를 살펴보면, 20대 교사의 교수 경험이 가장 부족했고, 30 · 40 · 50대 교사는 비슷한 양상을 보였다. 20대 교사의 경우, 거의 가르쳐 본 적이 없다고 답한 교사의 비율이 무려 64.3%나 되어 연수의 기회가 확대되어야 할 필요성이 있다고 판단된다.

⑦ 교육용/교양용 도서

국어 교과서에 실리는 텍스트는 '읽기 수업'을 위한 텍스트로 만들어져 있으며, 또 실제로 그렇게 사용되고 있다. 그렇지만, '읽기 수업'을 위한 텍스트는 삶의 문제로 확대되어 '학습 목표'를 뛰어넘는 삶의 가치를 교육하는 수단으로 승화되기를 바라지만, 현실화되는 경우는 별로 없다. 그래서 그 대안으로 선택을 하는 것이 인쇄 매체의 형태로 만들어진 책이다. 그래서 '읽기 교육'과 '독서 교육'은 약간은 다른 개념으로 사용되고 있다. 가장 단순하게 둘을 구분하는 것은 '때'이다. 즉 '읽기 교육'은 수업 시간에 이루어지는 교육이고, '독서 교육'은 수업 시간 외에 이루어지는 교육으로 인식하고 있는 것이 현실인 것이다.

교육용/교양용 도서에 대한 교육은 읽기 교육의 차원이 아니라 독서 교육의 차원으로 다루어지는 것이 일반적이다. 사회적으로 독서 교육에 대한 관심이 고조되면서 학부모들이 독서의 필요성을 인식하고, 사교육의 도움을 받아 별도의 독서 교육을 학생들에게 제공하는 형태가 하나의 방법으로 자리잡기도 하였다. 학교에서는 대부분 학년별 권장도서를 선정하여 학생들에게 1년에 걸쳐 그 도서들을 읽게 하는 방법으로 독서 교육을 시행하고 있다. 학교 방침과는 별개로 교사들 또한 독서의 중요성과 필요성을 강조하며, 학생들에게 책 읽기를 강조하고 있다. 이렇게 볼 때, 책에 대한 교수 경험은 다른 어떤 매체에 비해 가장 높게 나타나리라 예상된다.

초등 교사들의 독서 교육 경험은 예상대로 다른 매체에 비해 월등한 수준으로 높게 나타났다. 전체 응답자의 57.3%가 자주 있었다고 답을 했으며, 거의 없었다고 응답한 교사는 9.5%에 불과했다. 즉 교사 10명 중에 9명은 독서 교육을 실시한 경험이 있다는 것이다. 사회 전반에 조성된 독서 교육의 중요성이 학교에까지 확대된 결과로 보여진다.

연령별로는 20대 교사의 교수 경험이 가장 낮게 나타났으며, 40대 교사의 교수 경험이 가장 높게 나타났다. 30대와 50대 교

〈표 3-10〉 초등 교사의 교양용/교육용 도서에 대한 교수 경험 분포

연령대		거의 없었음	몇 번 있었음	자주 있었음	계
20-29세	인원	10	35	25	70
	%	14.3	50.0	35.7	100.0
30-39세	인원	11	66	91	168
	%	6.5	39.3	54.2	100.0
40-49세	인원	21	32	143	196
	%	10.7	16.3	73.0	100.0
50세 이상	인원	11	53	62	126
	%	8.7	42.1	49.2	100.0
계	인원	53	187	323	563
	%	9.5	33.2	57.3	100.0

사의 비율은 비슷한 양상을 보였다. 특히 20대 교사의 64.3%는 거의 없거나 몇 번 있다고 답을 했는데 이것은 교직 경력이 부족한 만큼 교육할 기회가 많지 않았던 것으로 분석된다.

이상과 같이 텔레비전에서부터 도서에 이르기까지 초등 교사들의 미디어에 대한 교수 경험을 조사한 결과 미디어별로 큰 차이를 보이는 것으로 나타났다. 이전까지 초등학교 교육과정에서 미디어를 전문적으로 다루지 않았기 때문에 교사 재량으로 미디어에 대한 교수가 이루어지는 것이 일반적이었다. 그런 이유로 미디어에 대한 교수는 이루어지느냐 그렇지 않느냐를 교사에게

의존할 수밖에 없는 상황이기 때문에 그러한 차이가 발생한 것으로 보인다. 각 미디어별 교수 경험은 <표 3-10>과 같다.

<표 3-10> 초등 교사의 미디어별 교수 경험

미디어 종류 \ 교수 경험		거의 없었음	몇 번 있었음	자주 있었음	계
TV	인원	137	259	164	560
	%	24.5	46.3	29.3	100.0
인터넷	인원	18	154	388	560
	%	3.2	27.5	69.3	100.0
온라인 게임	인원	256	168	136	560
	%	45.7	30.0	24.3	100.0
신문	인원	126	262	172	560
	%	22.5	46.8	30.7	100.0
광고	인원	203	252	105	560
	%	36.3	45.0	18.8	100.0
만화	인원	224	228	108	560
	%	40.0	40.7	19.3	100.0
교육용/교양용 도서	인원	53	186	321	560
	%	9.5	33.2	57.3	100.0

미디어별로는, 인터넷이나 교육용/교양용 도서에 대한 교수 경험이 높게 나타났으며, 온라인 게임이나 광고, 만화에 대한 교수 경험이 낮게 나타났다. 특히 정보화 시대의 흐름을 반영하듯 독서 교육의 형태로 이루어지는 책에 대한 교육보다는 인터넷에 대한 교육을 더 많이 한 것으로 나타났다. 전통적으로 정보를 전달하는 가장 기본적인 매체로 인정받던 텔레비전이나 신문은 비

슷한 비율의 양상을 보였고, 학생들의 선호도가 매우 높은 온라인 게임이나 만화에 대한 교수는 많이 이루어지지 않는 결과를 보였다. 이는 교사가 가진 배경 지식과 미디어에 대한 이용 경험이 교육에 영향을 미친 것으로 분석되며, 미디어에 대한, 더 넓게는 사회 전반에 대한 균형있는 지식 탐구자로 학생들을 성장시키기 위해서는 미디어에 대한 교사의 연수가 시급하다고 본다.

교사들의 미디어별 교수 경험을 교차 분석을 통해 그 특징을 살펴보면 〈그림 3-2〉와 같다.

〈그림 3-2〉 미디어별 교수 경험에 대한 교차분석 결과

미디어-교수 경험 교차표

수정된 잔차

교수 경험	TV	인터넷	온라인 게임	신문	광고	만화	책
거의 없었음	-.9	-13.3	11.5	-2.0	6.0	8.2	-9.6
몇 번 있었음	4.1	-5.8	-4.5	4.4	3.4	1.2	-2.8
자주 있었음	-3.4	18.0	-6.0	-2.6	-9.0	-8.7	11.6

미디어별로 초등 교사들의 교수 경험 정도를 조사한 결과를 정리하면 다음과 같은 특징이 있다고 판단할 수 있다.

- TV는 몇 번 가르친 경험이 많고, 자주 가르친 경험이 적다.
- 인터넷에 대해서는 자주 가르친 경험이 많고, 가르친 경험이 거의 없는 교사는 적다.

- 온라인 게임은 가르친 경험이 없는 교사가 많고, 자주 가르친 교사는 적다.
- 신문은 몇 번 가르친 경험이 있는 교사가 가장 많다.
- 광고는 가르친 경험이 거의 없는 교사가 많고, 자주 가르친 경험이 있는 교사는 적다.
- 만화는 가르친 경험이 거의 없는 교사가 많고, 자주 가르친 경험이 있는 교사는 적다.
- 책은 자주 가르친 경험이 있는 교사가 많고, 가르친 경험이 거의 없는 교사는 적다.

3.2.1. 미디어에 대한 교수 동기

교사가 미디어를 학생들에게 가르치는 이유는, 학생들이 미디어를 학습함으로써 삶의 질을 이전보다는 나아지게 만들고, 사회의 구성원으로서의 나름의 역할을 수행할 수 있는 자격을 갖추게 하는 데 있다. 그렇지만, 실제적으로는 학생들의 학습을 이끄는 힘은 교육과정이나 교육적 필요성 등으로 세분화된다. 미디어를 교사들이 가르치는 이유가 무엇인지 그 구체적인 이유를 파악하는 것은 미디어 교수의 방향성을 구체화시키는 하나의 작업일 것이다.

설문에 참여한 교사들에게 각 미디어별로 가르친 경험이 있는 교사(교수 경험의 유무에 '몇 번 있었음' 또는 '자주 있었음'이라고 표시한 교사)에 한해서 왜 그것을 가르쳤는지 그 이유를 표시하게 했다. 세부적으로는 '① 교육과정에 있기 때문에 ② 어쩌다가 우연히 ③ 교육적 필요성을 느꼈기 때문에'라고 보기를 주고 표시하게 했다.

다음의 미디어들에 대해 가르친 이유를 표시해 주시기 바랍니다.

미디어의 유형	가르친 이유(교수 경험이 있는 분만)
TV	1 2 3
인터넷	1 2 3
온라인 게임	1 2 3
신문	1 2 3
광고	1 2 3
만화	1 2 3
책(교육용/교양용)	1 2 3

1: 교육과정에 있어서
2: 어쩌다가 우연히
3: 교육과정을 떠나 교육적 필요성을 느껴서

초등 교사들이 미디어를 가르친 구체적인 이유에 대해 미디어별로 살펴보기로 하자.

① 텔레비전

3~6학년을 가르쳐 본 경험이 있는 교사는 대부분 텔레비전에 대한 교육을 교육과정 내에서 적어도 한 번은 실시하고 있다. 여

러 매체 중에서 텔레비전은 일상 생활에서 가장 흔하게 접할 수 있는 매체이며 미디어 교육의 시작이 텔레비전이었기 때문에 다른 매체에 비해 상대적으로 손쉽게 교육과정에 유입되었으리라 생각된다. 그렇다면 초등 교육을 담당하는 교사들은 텔레비전을 가르치게 된 동기가 교육과정에 있었기 때문인지, 아니면 다른 이유가 더 크게 작용을 했는지 살펴보기로 하자.

〈표 3-11〉 초등 교사의 텔레비전 교수 동기

연령대 \ 교수 동기		교육과정에 있어서	어쩌다가 우연히	교육적 필요성 때문에	계
20-29세	인원	10	7	18	35
	%	28.6	20.0	51.4	100.0
30-39세	인원	18	14	87	119
	%	15.1	11.8	73.1	100.0
40-49세	인원	18	24	119	161
	%	11.2	14.9	73.9	100.0
50세 이상	인원	38	14	56	108
	%	35.2	13.0	51.9	100.0
계	인원	84	59	280	423
	%	19.9	13.9	66.2	100.0

텔레비전에 대해 가르친 경험이 있는 교사 423명이 응답한 결과 응답자의 66.2%가 교육적 필요성 때문이라고 답을 했으며, 교육과정에 있기 때문이라고 응답한 교사는 19.9%였다. 어쩌다가 우연하게 가르친 경우도 13.9%나 되었다. 교육과정에 있기 때

문이라고 답한 교사의 비율은 교육적 필요에 의해 가르쳤다라고 답한 교사에 비해 적다. 이것은 교육과정이 담고 있는 내용보다 더 많은 것을, 더 많은 시간을 투자하여 가르칠 필요가 있다는 해석이 가능하다.

연령별로는 30대와 40대 교사가 교육적 필요성 때문이라고 답한 비율이 각각 73.1%, 73.9%로 가장 높았으며, 교육과정에 있어서 텔레비전을 가르쳤다고 답한 교사의 비율은 50대(35.2%)와 20대(28.6%)에서 높게 나타났다.

② 인터넷

인터넷은 일반적으로 컴퓨터라는 장비가 구비되어야만 이용할 수 있는 미디어이다. 컴퓨터나 PDA, 휴대전화 등 네트워크가 가능한 장비와 네트워크의 지원이라는 장치적 제약만 제거한다면, 웹(web) 환경을 바탕으로 한 인터넷 학습은 학습자들이 시간과 공간의 제약을 받지 않고 다양한 형태의 흥미롭고 유익한 자료들을 이용할 수 있도록 하며, 평등성과 개방성이 보장된 상태로 컴퓨터를 매개로 한 의사 소통(CMC; Computer Mediated Communication)을 가능하게 한다.

설문에 참여한 교사 560명 중 인터넷을 교육한 적이 있다고 답한 교사는 544명이나 되었다. 544명이 어떠한 동기로 인터넷을 가르치게 되었는지 알아보자.

〈표 3-12〉 초등 교사의 인터넷 교수 동기

연령대 \ 교수 동기		교육과정에 있어서	어쩌다가 우연히	교육적 필요성 때문에	계
20-29세	인원	18	7	35	60
	%	30.0	11.7	58.3	100.0
30-39세	인원	31	10	123	164
	%	18.9	6.1	75.0	100.0
40-49세	인원	42	18	136	196
	%	21.4	9.2	69.4	100.0
50세 이상	인원	42	0	80	122
	%	34.4	0.0	65.6	100.0
계	인원	133	35	376	544
	%	24.5	6.5	69.0	100.0

초등학교 교실에서 교사가 학생들에게 인터넷을 가르친 가장 큰 이유는 교육적 필요성 때문이라고 답을 했다. 그리고 '교육과정에 있어서'라고 답한 교사는 24.4%로 비교적 높은 수치를 나타냈다. 이것은 국어과에만 국한하여 교수 실태를 파악한 것이 아니기 때문에 컴퓨터를 다루는 교과목이나 그 외 다른 교과에서 다루었을 가능성이 크다.

연령별로는 확연한 차이를 보이지 않지만, 20대와 50대 이상에서 교육과정에 따른 교수 동기가 30대와 40대보다 높게 나타났고, 30대와 40대는 20대와 50대 이상에 비해 교육적 필요성에 따른 교수 활동이 약간 높게 나타났다.

③ 온라인 게임

온라인 게임을 교실에서 가르치기란 참 어려운 일이다. 게임을 하는 방법이나 게임의 구조, 게임의 종류를 가르치는 것도 무리가 있고, 게임의 제작 과정이나 게임의 판매 유통을 가르치는 것도 교육 내용으로 적합하지 않다. 이런 이유로 온라인 게임의 교육적 활용에 대한 연구도 극히 드물다.

컴퓨터를 통한 온라인 게임은 게임자가 직접 참여하도록 유인하는 텍스트 방식이다. 작가에 의해서 제공된 서사가 아닌 게임자의 의지에 따라서 변화가능한 텍스트이다. 게임자는 인터페이스를 통하여 텍스트 공간에 진입 · 조사하여 그 공간에서 상호작용적 참여를 즐긴다. 상호작용성으로 말미암아 게임자가 서사를 형성하는 경험이 가능해지는 것이다(박인기 외, 2000:203).

게임과 교육을 접목시킨 시도는 과거로부터 있어 왔으나, 대부분은 게임을 통한 놀이 학습에 초점을 두고 개발된 것이 보통이다. 게임을 통해 퀴즈를 풀고, 문제를 해결하여 더 높은 수준으로 이동하는 구조를 갖추고 있는 것이 대부분이다. 이런 형태는 지금도 많이 개발되고 있으나, 학생들이 선호하는 게임의 유형과는 거리가 멀어서 학생들의 관심을 오래 지속시키지 못하는 한계를 지니고 있다.

결국은 요즈음의 학생들이 주로 즐기는 온라인 게임에 대한 교육은 태도 측면에 초점을 두고 이루어지는 것이 바람직할 것이다. 긍정적 영향을 미치는 게임과 부정적 영향을 미치는 게임을 구별할 수 있는 눈을 갖게 하고, 긍정적이든 부정적이든 그 영향력의 정도를 감지해 내는 능력을 키워주고, 게임에 빠지지 않도록 스스로를 조절하는 능력을 길러주는 교육이 필요하다. 그러나 언어 교육적으로 온라인 게임을 가르친다면 게임의 텍스트성에 초점을 두어야 할 것이다. 게임이 갖는 텍스트를 경험한 후, 그것을 분석하고, 내적 언어 가치로 변화시킬 수 있는 방법들이 논의되어야 한다는 것이다.

박인기 외(2000, 222~228)에서는 게임 텍스트의 국어교육적 가능성을 '① 게임 경험을 비평적으로 보기 ② 텍스트 상호성 속에서 텍스트 다루기 ③ 서사 경험 경험의 교육적 차리 확장하기'로 요약하고 게임의 텍스트성을 교육하자는 의견을 제시하였다. 첫째, 게임 경험을 비평적으로 보는 내용은, 학생들이 게임 경험이 게임 텍스트의 단순 소비나 순간적인 몰입 경험으로 끝나지 않기 위해서는 게임 경험을 비평적 시각에서 바라볼 수 있는 능력이 요구된다는 것이다. 두 번째, 게임 텍스트가 가진 텍스트 상호성을 강조하는 학습은, 게임 텍스트가 다루는 경험 내용의 상호 텍스트성을 살리고, 텍스트 경험 통로간의 상호성을 살리는 전략으로 전개되어야 한다는 것이다. 셋째, 서사 형성 경험의 교육적 가치를 확장하는 것은, 게임 텍스트의 서사 경험의 긍정적인 면을 강조한다. 게임 텍스트의 서사 경험은 현실에 대한 능동적 상상력을 제공하고, 문학 작품을 게임 텍스트로 재생산한 경우 원전으로의 회귀와 극복을 가능하게 하며, 창작 교육의 방법론을 제공해 줄 수 있다는 장점을 갖는다는 것이다.

대부분의 교사들은 온라인 게임에 대해 보호주의적인 관점을 취한다. 학생들이 접하는 게임의 상당수가 사실성을 강조하다보니 파괴적이고, 폭력적이며, 잔인한 면을 갖추고 있다. 그러한 게임 환경 속에서 교사들이 온라인 게임에 대해 교육적으로 접근하는 의도는 나쁜 것으로부터 학생들을 격리시키고자 하는 것이다. 그러나 이러한 방법은 가시적으로는 효과가 있을지 모르지만 장기적으로 봤을 때에는 큰 실효를 거두지 못한다. 학생들에게 가장 비중이 큰 여가 문화를 단순히 나쁜 것으로 규정을 짓는다면, 학생들은 제재 조치에 대한 반작용으로 숨어들거나 몰래 하기 마련이다. 따라서 온라인 게임에 대한 교육은 학생들의 문화를 공감하고 존중해 주는 방향으로 전개되어야 할 것이다.

교육과정에서는 프로게이머라는 직업 선택과 관련된 논설문이 텍스트로 등장하기도 한다. 그러나 게임과 관련된 인지적 또는 정의적 목표를 제시한 교과는 전혀 없다. 온라인 게임을 가르친 경험이 있는 교사들은 왜 그것을 가르쳤는지 살펴보기로 하자.

〈표 3-13〉 초등 교사의 온라인 게임 교수 동기

연령대 \ 교수 동기		교육과정에 있어서	어쩌다가 우연히	교육적 필요성 때문에	계
20-29세	인원	7	7	35	49
	%	14.3	14.3	71.4	100.0
30-39세	인원	21	4	94	119
	%	17.6	3.4	79.0	100.0
40-49세	인원	7	10	70	87
	%	8.0	11.5	80.5	100.0
50세 이상	인원	4	21	24	49
	%	8.2	42.9	49.0	100.0
계	인원	39	42	223	304
	%	12.8	13.8	73.4	100.0

온라인 게임에 대한 교수 경험이 있는 교사는 전체 응답자의 54.3%에 해당하는 304명이었다. 교육과정에 있기 때문에 가르쳤다고 답한 교사는 12.8%, 어쩌다가 우연히 가르치게 된 교사는 13.8%, 교육적 필요성 때문에 가르친 교사는 73.4%였다. 교육적 필요성이 압도적으로 많은 비율을 차지했다. 응답자 전체 560명 중 223명이 온라인 게임에 대한 교육적 필요성을 느끼고 가르쳤다는 것이다. 결국은 온라인 게임도 어떤 형태로든지 교육할만한 가치가 있다고 교사들도 동감하는 것이다.

교육 경력이 가장 많은 50대 이상의 교사는 다른 연령대의 교사들과는 달리 어쩌다 우연히 가르치게 되었다는 비율이 42.9%

로 매우 높게 나타났고, 교육적 필요성 때문이라고 답한 교사의 비율이 49.0%로 상대적으로 매우 낮게 나타났다.

④ 신문

신문은 교실에서 가르치기에 좋은 교육 자료로 활용된다. 신문의 정보를 탐색하는 활동에서부터 직접 신문을 만들어보는 활동에 이르기까지 다양한 시도와 접근이 이루어진다.

많은 활동이 제시되지는 않았지만, 신문에 대한 이해 측면과 신문을 통한 표현의 측면을 모두 내포하고 있다. 그렇지만, 신문을 원천 자료로 하는 교육은 신문에 대한 교육이라기보다는 대부분 신문을 활용한 교육이다. 신문이 가진 본질, 특성, 구성 등과 같이 어우러진 교육이 아니라, 단순히 신문 기사나 사진 등과 같이 신문이 담고 있는 내용에 초점을 두고 이루어지고 있는 것이다. 넓게는 미디어 교육도 그러하겠지만, 신문을 학생들에게 가르칠 때에는 신문 활용 교육과 더불어 신문 자체에 대한 교육도 병행되어야 할 것이다.

그렇다면 교사들은 과연 교실에서 학생들에게 신문을 가르칠 때 왜 가르치는지 설문을 통해 알아보았다.

〈표 3-14〉 초등 교사의 신문 교수 동기

연령대 \ 교수 동기		교육과정에 있어서	어쩌다가 우연히	교육적 필요성 때문에	계
20-29세	인원	6	11	25	42
	%	14.3	26.2	59.5	100.0
30-39세	인원	18	18	91	127
	%	14.2	14.2	71.7	100.0
40-49세	인원	35	27	102	164
	%	21.3	16.5	62.2	100.0
50세 이상	인원	18	14	69	101
	%	17.8	13.9	68.3	100.0
계	인원	77	70	287	434
	%	17.7	16.1	66.2	100.0

다른 미디어들과 마찬가지로 신문에 대한 교육을 실시하는 이유도 주로 교육적 필요성 때문(66.2%)으로 나타났다. 교육과정에 있기 때문에 신문을 가르쳤다고 답한 교사는 17.7%로 나타났으며, 어쩌다가 우연히 가르친 교사도 70명인 16.1%를 차지했다.

교사의 연령별로는 거의 비슷한 수준이지만, 20대 교사의 경우, 어쩌다가 우연히 가르치게 되었다고 답한 교사는 평균(16.1%)보다 약 10% 가량 높았으며, 교육적 필요성 때문이라고 답한 교사는 평균(66.2%)보다 약 7% 정도 낮게 나타났다.

⑤ 광고

김동환 외(2000:22)에서는 광고의 이데올로기적 특성을 언급하며 다음과 같이 말하고 있다.

광고의 궁극적인 목표는 수용자들의 인지적 · 정의적 · 행동적 변화를 도모하는 데 있다. 이를 위해 광고주들은 수용자들의 욕망을 자극하는 방식을 취한다. 단순화하면, 대부분의 광고들은 “이 제품을 사면 이러한 욕망 내지 꿈이 실현된다.”는 믿음을 소비자들에게 주었을 때 성공할 수 있다. 존경, 위엄, 아름다움, 권력, 물질적 풍요 등에 대한 소비자의 욕망을 상품을 통해 실현케 하려는 것이다. 그런데 우리는 그러한 설득 기제를 간파하지 못한 채 자신의 욕망이 실현될 것이라고 믿고 한발 더 나아가 제품을 구매하게 된다. 광고주들은 제품의 질보다는 제품을 의미 있게 만드는 방식(소비자의 욕망과 그 제품의 이미지를 결합하는 일)에 더욱 관심을 기울이는 경우조차 있다. 제품의 구매가 소비자의 욕망 실현과 관련된다는 점을 전달하는 방식도 나날이 발전하여 수용자들은 그런 의도가 있는지 알아차릴 틈도 없이 광고가 제시하는 이미지에 말려들게 된다.

위의 글은 우리가 학교에서 광고를 가르쳐야 하는 이유로 충분히 설득력이 있다. 광고를 둘러싼 광고주와 소비자의 관계 속에서 소비자일 수밖에 없는 학생들이 광고주의 설득에 대해 무조건적인 수용보다는 비판적 안목에 바탕을 두고 선택 수용할 수 있는 능력을 길러주는 것이 광고 교육의 중요한 목표가 되어야 할 것이다.

광고를 교육함으로써 학생들에게 기대하는 바는 많다. 광고의 메시지를 해석하고, 비판하며, 새로운 가치를 창출할 수 있는 능력, 상품이나 이미지를 둘러싼 환경적인 요소를 분석하는 능력, 전달 매체에 따른 광고 전략의 적절성과 효과를 파악해 내는 능력 등 광고 교육의 목표는 매우 다양하다.

그러나 교육과정에서는 광고를 표면적으로 다루지 않고 있다는 점, 어느 누구도 광고를 둘러싼 역학 관계에 대해 설명해 주지 않는다는 점, 광고와 허와 실에 대해 교육받을 기회가 없다는 점 때문에 광고는 은연중에 학생들의 생활 속으로 파고들고 있다. 광고를 둘러싼 생태 환경에서 쌍방향적인 상호 조화가 아닌 일방향적인 공격성만 존재하고 있는 것이다. 광고의 공격성을 견제하고 소비자로서의 권리와 위상을 확고하게 정립시키기 위해서는 광고의 전달과 수용이라는 구조에 얽힌 광고 메시지, 광고 전략, 광고 마케팅 등의 내용이 학생들의 인지나 정서 발달을 고려하여 학교급별 · 학년별로 이루어져야 할 것이다.

이제까지의 광고 교육은 어떠한 동기를 지니고 실시되어 왔는지 살펴보자.

〈표 3-15〉 초등 교사의 광고 교수 동기

연령대 \ 교수 동기		교육과정에 있어서	어쩌다가 우연히	교육적 필요성 때문에	계
20-29세	인원	14	7	14	35
	%	40.0	20.0	40.0	100.0
30-39세	인원	6	25	67	98
	%	6.1	25.5	68.4	100.0
40-49세	인원	32	38	74	144
	%	22.2	26.4	51.4	100.0
50세 이상	인원	11	21	48	80
	%	13.8	26.3	60.0	100.0
계	인원	63	91	203	357
	%	17.6	25.5	56.9	100.0

초등학교 교실에서 광고를 가르치는 이유를 종합해 보면, 조금은 특이한 양상을 보인다. 교육적 필요성에 대한 비율이 다른 매체에 비해 상대적으로 낮고, 어쩌다 우연히 가르치게 되었다는 응답이 상대적으로 높게 나타났다. 이것은 교사들이 광고에 대한 교육적 가치를 인식하지 못하거나 과소평가하고 있다는 분석이 가능하다.

교육과정에 있기 때문에 광고를 가르쳤다는 응답자의 비율도 20대 교사의 경우, 무려 40%를 차지해 평균 17.6%보다 월등히 높고, 다른 연령대의 교사와도 큰 차이를 보였다. 이것은 담당하고 있는 학년의 차이에서 오는 격차로 분석할 수 있다. 교과 내용

중에 광고를 직 · 간접적으로 다루는 학년은 고학년이 대부분인데, 학교에서도 20대 교사가 고학년을 담당하는 경우가 상대적으로 많기 때문에 일어나는 현상으로 판단된다.

⑥ 만화

학생이나 교사나 일상생활에서 만화를 쉽게 즐길 수 있는 것은 어린 시절부터의 경험에 의해 만화의 언어에 익숙해 있기 때문이다. 만화의 언어는 글(만화 영화의 경우에는 말)과 그림 두 부분으로 나뉜다. 인쇄 만화의 언어는 정지된 화면으로 움직임을 표현해야 하고, 2차원의 공간에서 3차원을 표현해야 하며, 시각을 통해 모든 감각을 표현해야 한다는 제한 조건을 가지고 있다(강상현 외, 1996:197). 반면 영상 만화는 인쇄 만화의 표현 기법에 영화의 카메라 움직임과 유사한 정지 영상의 연속적 배열이라는 독특한 기술의 결합이 하나의 언어 체계를 이룬다. 만화의 이러한 형식 위에 부여된 의미는 수용자의 기호나 관심과 접목되어 미디어의 전달과 수용이라는 구조를 지니게 된다.

M. McLuhan(1998:329~330)은 모든 매체를 그것이 전달하는 정보의 정밀도와 수용자의 참여도에 따라 쿨 미디어(cool media)와 핫 미디어(hot media)로 구분한다. 그에 따르면, 신문과 영화, 라디오는 핫 미디어이지만 텔레비전, 전화, 만화 등은 쿨 미디어이다. 쿨 미디어는 핫 미디어보다 정보의 정세도가 낮

아서 수용자의 높은 참여, 즉 더 많은 상상력이 요구되는 매체이다. 즉, 만화는 정보의 정밀성도 낮아서 수용자의 높은 참여가 요구되는 매체라는 것이다.

만화를 학습의 제재로 끌어들일 때에는 만화의 효용 가치가 보장되어야 한다. 김동환 외(2000:29~30)에서는 다음과 같은 4가지 점을 들어 만화의 교육적 가치를 평가하였다.

1) 연상을 통한 사고력 - 만화는 연상이라는 사고활동을 필수적인 요소로 한다. 지나치게 만화에 익숙해 있는 경우 거의 자동적으로 봐 나가는 경우도 있고 어떤 만화에서는 수용자의 편의만을 고려하여 연상 작용을 최소화하는 경우도 있지만 컷으로 이루어지는 한 연상 작용은 필수적이다. 따라서 만화 보기를 제대로 수행하게 된다면 매우 유용한 사고 학습 활동이 이루어지는 셈이다.

2) 개성적이며 친숙한 표현력 - 친숙함 또는 관습성을 바탕으로 한 개성적 표현은 말하기 전략으로 매우 중요한 요소이다. 친숙하면서도 관습적인 것에 기댐으로써 청중의 호감을 얻고 거리감을 줄인 상황에서 개성적인 표현법을 통해 말하기를 할 경우 전달효과는 물론 설득력도 높아질 것이다.

3) 전달효과를 높이기 자료의 활용력 - 말하기나 쓰기에서 다양한 보조 자료를 적절하게 활용하면 그 전달효과와 설득력이 높아진다는 것은 주지의 사실이다. 만화의 그림과 글, 각종 기호들

의 다양한 관련 양상을 꼼꼼히 살피게 함으로써 본질적인 원리를 알 수 있게 한다면 자료의 선택과 구성 등에서 충분한 효과를 얻을 수 있다.

4) 생활 문화의 수용력 - 만화는 관습성 등을 통해 환 사회의 문화적 맥락을 반영하게 된다. 우선 양식 자체가 문화의 산물이며 그 양식이 생산되고 수용되는 과정 또한 문화적이다. 특히 만화에서 사용되는 각종 기호나 그림의 형상 등은 수용자가 당대의 문화에 익숙해 있다는 점을 전제로 해서 성립되는 것이다. 다른 문화적 매개물보다 경험한 정도가 높을 수 있다는 점에서 문화 특히 언어문화에 대한 이해를 꾀하는데 유용한 것일 수 있다.

이러한 면에서 만화의 교육적 도구로 쓰일 충분한 자격이 있으며, 다행히 그 가치를 점차 인정받고 있다. 가르침의 주체인 교사도 만화의 교육적 가치를 인정하고 있느냐의 여부는 교사들의 교수 동기를 살펴보면 파악할 수 있을 것이다.

〈표 3-16〉 초등 교사들의 만화 교수 동기

연령대 \ 교수 동기		교육과정에 있어서	어쩌다가 우연히	교육적 필요성 때문에	계
20-29세	인원	0	11	14	25
	%	0.0	44.0	56.0	100.0
30-39세	인원	3	7	98	108
	%	2.8	6.5	90.7	100.0
40-49세	인원	4	17	98	119
	%	3.4	14.3	82.4	100.0
50세 이상	인원	0	28	56	84
	%	0.0	33.3	66.7	100.0
계	인원	7	63	266	336
	%	2.1	18.8	79.2	100.0

초등 교사의 대부분도 만화의 교육적 가치를 인정하는 것으로 드러났다. 만화 교수 경험이 있는 교사 336명 중 79.2%인 266명이 만화를 교육적 필요성 때문에 가르쳤다고 응답하였다. 하지만 20대 교사의 경우에는 교육적 필요성 때문이라고 응답한 교사는 56.0%로 다른 연령대보다 낮은 수치를 기록했고, 어쩌다 우연히 가르쳤다고 응답한 교사는 44.0%로 매우 높게 나타났다. 20대 교사가 만화의 교육적 가치에 대해 공감이 부족한 것도 그 원인이 될 수 있을 것이고, 교육 경험이 상대적으로 부족한 것에서 기인한 결과일 수도 있을 것이다.

⑦ 교육용/교양용 도서

독서는 직접 경험으로 얻을 수 없는 지식과 정보를 제공해 주고, 영혼의 양식이 되는 교양을 높여 주며, 취미와 오락의 기회를 제공해 주는 역할을 한다. 동서고금을 막론하고 독서는 인간이 인간다울 수 있는 최선의 도구라고 여겨왔다. 독서는 개인의 삶에 있어서 자기 발전을 이루는 통로와도 같아 그것의 질과 양은 곧 삶의 질과 자기 발전의 정도를 가늠해 주는 척도라고 말할 수 있다.

독서 교육이 필요한 이유는 몇 가지가 있다. 지적 능력의 배양, 창의성의 발달, 평생 학습력의 신장, 올바른 가치관 형성, 건전한 여가 선용 등 인간의 삶에서 독서를 빼면 문명이 후퇴할 정도의 막강한 영향력을 지니고 있다. 독서의 이러한 교육적 · 인지적 · 정서적 · 심미적 가치를 생각해 보았을 때, 마땅히 학생들의 생활과 깊은 관련을 맺고 있어야 하며, 학교 교육도 학생들의 삶과 독서를 연결짓는 책임을 부여받았다. 그러나 학교 교실에서는 독서 교육이 의외로 잘 이루어지지 않는다. 거기에는 환경적인 문제가 가장 크게 작용하고, 독서 교육에 대한 의도나 독서에 대한 의지도 문제가 된다.

학생들이 독서를 통해 지녀야 할 지식과 신념에 학교 내의 독서 교육이 얼마나 큰 기여를 하고 있는지는 정확하게는 모르지만, 교사들의 교수 실태를 통해 어느 정도는 짐작할 수 있을 것으로 판단된다.

〈표 3-17〉 초등 교사들의 교육용/교양용 도서 교수 동기

연령대 \ 교수 동기		교육과정에 있어서	어쩌다가 우연히	교육적 필요성 때문에	계
20-29세	인원	0	7	53	60
	%	0.0	11.7	88.3	100.0
30-39세	인원	11	3	143	157
	%	7.0	1.9	91.1	100.0
40-49세	인원	21	4	150	175
	%	12.0	2.3	85.7	100.0
50세 이상	인원	21	20	74	115
	%	18.3	17.4	64.3	100.0
계	인원	53	34	420	507
	%	10.5	6.7	82.8	100.0

초등 교사들이 독서 교육을 실시하는 이유는 대부분 교육적 필요성 때문으로 나타났다. 그 비율은 82.8%로 매우 높은 수치를 나타내었다. 각각의 교사가 실시하는 독서 교육의 범위가 어디까지인지는 알 수 없지만, 교과서에 제시된 텍스트 이외에 별도의 텍스트로 학생들과 교육하는 행위를 독서 교육으로 본다면, 학생들에게는 매우 가치있는 교육 행위가 자주 일어난다고 볼 수 있다.

연령대별로 살펴볼 때, 특이한 점은 교직 경력이 많은 50대 이상의 교사들이 교육과정에 있기 때문에 독서 교육을 실시하였다고 답한 비율이 상대적으로 높고(18.3%), 교육적 필요성 때문이

라고 답한 교사의 비율은 상대적으로 낮게 나타났다(64.3%).

미디어 종류별로 교사들에게 교수 동기를 종합해 보면, 〈표 3-18〉과 같은 결과를 얻을 수 있다.

〈표 3-18〉 초등 교사의 미디어에 대한 교수 동기

미디어 종류 \ 교수 이유		교육과정에 있어서	어쩌다가 우연히	교육적 필요성 때문에	계
TV	인원	84	59	280	423
	%	19.9	13.9	66.2	100.0
인터넷	인원	133	35	376	542
	%	24.5	6.5	69.0	100.0
온라인 게임	인원	39	42	223	304
	%	12.8	13.8	73.4	100.0
신문	인원	77	70	287	434
	%	17.7	16.1	66.1	100.0
광고	인원	63	91	203	357
	%	17.6	25.5	56.9	100.0
만화	인원	7	63	266	336
	%	2.1	18.8	79.2	100.0
교육용/교양용 도서	인원	53	34	420	507
	%	10.5	6.7	82.8	100.0

초등 교사들이 학생들에게 미디어를 가르치는 구체적인 이유는 교육적 필요성 때문이라는 응답이 압도적이었다. 미디어별로 약간의 차이는 있지만 대부분의 경우 교육과정과는 별개로 교육적 필요성 때문에 미디어를 가르친다고 답했다. 미디어 교육을

가르친 교과는 국어과에 제한을 두지 않았기 때문에 어느 교과든지 미디어를 가르친 교수 경험에 대한 이유를 구체적으로 드러낸 결과이다. 텔레비전의 경우에는 국어과 교육과정에도 텔레비전을 소재로 한 교육 내용이 포함이 되어 있기 때문에 해당 학년을 지도한 경우 교육과정에 있기 때문이라고 답을 했을 것으로 예상되며, 인터넷 같은 경우에는 몇몇 교과에서 인터넷을 이용한 학습이 제시되어 있고, 학교에 따라서는 '재량 활동'으로 컴퓨터 과목을 가르치는 경우가 많기 때문에 '교육과정에 있어서'라는 응답이 24.5%에 달한 것으로 판단된다.

미디어를 가르침에 있어서 '교육적 필요성'이라는 응답이 큰 비율을 차지한 것은 앞으로의 미디어 교육의 방향성을 일러주는 명쾌한 조사 결과라고 생각할 수 있다. 결국 미디어를 가르치는 것은 학생들에게 그것을 가르쳐야 할 필요성이 있기 때문이라는 '미디어 교육의 필요성'과 직결되는 문제이기 때문이다. 필요하기 때문에 가르치고, 가르친 결과로 학생의 삶의 질을 개선 또는 향상시킬 수 있는 교육의 한 형태로 미디어 교육도 자리매김해야 한다는 인과 관계가 형성되는 것이다. 〈그림 3-3〉은 초등 교사의 미디어별 교수 동기를 도표로 나타낸 것이다.

〈그림 3-3〉 초등 교사의 미디어별 교수 동기 분포

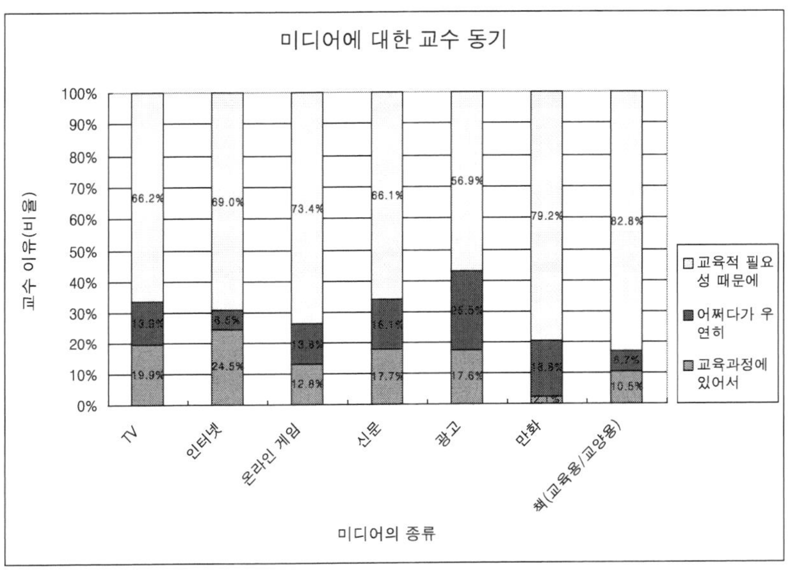

3.2.3. 미디어 교수 의향

미디어 교육 실시에 대한 교사들의 교수 의지를 알아보기 위해 미디어 교육을 위한 교재, 교사용 지침서, 교사 연수가 제공된다면 미디어 교육을 학급 내에서 실시할 의향이 있는지 물었다. 미디어 교육에 대해 강제성이 아니라 자율성을 전제로 현 상황에서 교사들이 미디어 교육을 그 필요성만큼이나 교수 의지도 있는지 확인해 보고자 하는 작업이었다.

미디어 교육을 위한 교재와 교사용 지침서, 교사 연수가 제공된다면 미디어 교육을 실시하실 의향이 있으십니까?

① 하겠다. ② 하지 않겠다.

③ 전담 교사가 필요할 것 같다. ④ 생각을 해 봐야 할 것 같다.

미디어 교육이 자율적으로 실시된다는 가정 하에 초등 교사들이 교수 의향에 대한 조사 결과는 〈표 3-19〉와 같다.

〈표 3-19〉 초등 교사의 미디어 교수 의향

연령대 \ 교수 의향		하겠다	하지 않겠다	전담 교사가 필요할 것 같다	생각을 해 봐야 할 것 같다	계
20-29세	인원	17	17	4	32	70
	%	24.3	24.3	5.7	45.7	100.0
30-39세	인원	95	35	7	31	168
	%	56.5	20.8	4.2	18.5	100.0
40-49세	인원	95	42	10	49	196
	%	48.5	21.4	5.1	25.0	100.0
50세 이상	인원	70	17	21	18	126
	%	55.6	13.5	16.7	14.3	100.0
계	인원	277	111	42	130	560
	%	49.5	19.8	7.5	23.2	100.0

응답자 560명 중 과반수에 조금 못 미치는 277명의 교사가 미디어 교육을 실시할 의향이 있다고 답을 했다. 그 다음으로 많은

비율을 차지한 답변은 '생각을 해 봐야 할 것 같다'로 23.3%를 차지했다. '하지 않겠다'라는 응답은 19.8%로 '전담 교사가 필요하다'라는 응답보다 많은 비율을 차지했다. 이것은 전담 교사에게 교육을 맡기는 것보다 담임 교사가 직접 수업을 하는 것이 낫다는 판단이 우선했으며, 담임 교사가 직접 수업을 못하는 상황이라면 '하지 않겠다'라는 의지가 강하게 표출된 것으로 보인다.

'하겠다'와 '전담 교사가 필요할 것 같다'는 답변을 미디어 교육 실시에 따른 긍정적 반응으로 보고, '하지 않겠다'와 '생각을 해 봐야 할 것 같다'를 부정적 반응으로 나누어 분석해 보면, 20대 교사만 부정적인 반응이 긍정적인 반응보다 더 높게 나타난 것을 알 수 있다. 20대 교사들의 긍정적 반응은 30% 밖에 못 미친 반면, 부정적 반응은 무려 70%나 돼 20대 교사들은 미디어 교육 실시에 거부 반응을 일으키는 것으로 판단된다. 그러한 양상이 나타나는 이유는 몇 가지를 추측할 수 있다. 우선은 많은 수의 20대 교사가 미디어 교육에 필요성을 절감하지 못하고 있기 때문일 것이다. 20대 교사의 40%가 미디어 교육의 학교 교육 도입에 대해 반대하고 있는 것이 그 근거이다. 또 다른 이유는 과중한 업무에서 오는 수업에 대한 부담감 때문일 것이다. 학생을 가르치는 일 이외에 학교에서 발생되는 업무 처리가 대부분의 학교에서 20대 교사에게 맡겨지는 실정이다 보니 미디어 교육 실시에 따라 발생되는 교사 연수나 새로운 수업의 도입이 부담되기 때문일 것이다. 추측할 수 있는 다른 이유는 사회적으로 20대라는 세대가 갖는 개인주의적 성향 때문이다. 미디어라는 새로운 교육 자료가 20대 교사들의 교육적 호기심을 자극하기 보다는 새롭게 나타난 '귀찮은 존재'라고 인식되어 여러 상황 맥락을 고려하기 보다는 가르치기 싫다는 생각을 먼저 하게 된 것으로 보인다. 새롭게 대두되는 미디어라는 교육 자료가 어떠한 교육적 가치를 창출할 수 있으며, 그것이 학생들에게 어떤 도움을 줄 수 있을 것인지 아니면 그다지 큰 가치는 없다고 판단되는지 등의 다각적인 고려보다는 단순히 교사 개인의 새로운 것에 대한 거부 반응의 표현으로 보인다.

3.3. 초등 교사의 미디어 교육 인식 실태 분석

초등 교사들이 미디어 교육에 대해 얼마나 잘 알고 있는지, 미디어 교육의 공교육 도입에 대해 어떻게 생각하고 있는지, 미디어 교육과 국어 교육의 접목에 대해 어떤 인식을 지니고 있는지 살펴보기로 하자.

3.3.1. 미디어 교육의 개념에 대한 인지 실태

우리나라의 대부분의 초등학생들은 미디어 교육의 개념에 대해 거의 알지 못하고 있다. 심지어는 '미디어 교육'이라는 말도 들어본 적이 없는 경우도 많다. 이러한 상황 때문에 미디어를 통해 접하는 메시지나 소통 과정, 그 속에 포함된 소통 전략들을 전혀 이해하지 못한다. 그 원인은 그것에 대한 교육을 받지 못했기 때문이다. 책임은 교육의 장소인 학교와 교육의 주체인 교사에게 있다. 그보다 우선적인 책임은 교육과정에 있다. 교육과정 내에 교육 내용을 명시적으로 드러내지 않았기 때문에 학교와 교사는 가르칠 필요가 없다는 인과 관계가 형성될 수 있는 것이다.

교육과정에서는 언급하고 있지 않지만, 교사들의 미디어 교육에 대한 인식 여부는 잠재적으로 시행이 될 수 있는 가능성을 엿볼 수 있는 근거가 될 수 있다. 초등 교사들이 미디어 교육의 개념에 대해 제대로 알고 있느냐의 여부는 미디어 교육이 바르게 시행될 수 있느냐 없느냐 하는 열쇠이다. 미디어 교육의 개념에 대한 이해는 새로운 학문 분야에 대한 소통의 창구이며, 미디어를 매개로 한 교수와 학습의 관계가 어떻게 형성되어야 하는지를 규정해 주는 기틀이 된다.

우리나라의 초등 교육을 책임지는 교사들은 미디어 교육의 개념에 대해 어떻게 인식하고 있는지 그 실태를 파악해 보고자 미디어 교육의 정의를 제시하고 이에 대한 이해의 정도를 표시하도록 했다.

미디어 교육은 미디어(TV, 인터넷, 신문, 잡지, 책, 광고, 만화, 게임, 영화 등)에 대한 기본적인 이해를 바탕으로 미디어가 전달하는 메시지를 해석하고 비판하며 활용하는 능력을 신장시키는 교육을 말합니다. 이것은 컴퓨터를 이용한 ICT 교육이나 정보통신 소양 교육과는 다른 개념이며, 미디어를 통한 교육이 아니라 미디어 자체가 교육의 대상이 된다는 점이 그 본질입니다.

위에 정의한 미디어 교육에 대해 어느 정도 알고 계셨습니까?

① 전혀 몰랐다. ② 다른 개념으로 알고 있었다.

③ 읽거나 들어본 적은 있다. ④ 잘 알고 있었다.

초등학교 교육과정이나 교과서, 교사용 지도서에서 미디어 교육을 언급한 부분은 전혀 없다. 교사들이 만약 이에 대한 인지를 하고 있다면, 그것은 학교 교육과정과는 별개로 학습이 이루어졌을 가능성이 높다. 교사들은 미디어 교육의 개념에 대해 얼마나 알고 있는지 그 이해 정도를 보면, 〈표 3-20〉과 같다.

〈표 3-20〉 초등 교사의 미디어 교육의 개념에 대한 인지 실태

연령대 \ 인지 정도		전혀 몰랐다	다른 개념으로 알고 있었다	읽거나 들어본 적은 있다	잘 알고 있었다	계
20-29세	인원	11	10	46	3	70
	%	15.7	14.3	65.7	4.3	100.0
30-39세	인원	7	39	104	18	168
	%	4.2	23.2	61.9	10.7	100.0
40-49세	인원	7	49	91	49	196
	%	3.6	25.0	46.4	25.0	100.0
50세 이상	인원	0	28	63	35	126
	%	0.0	22.2	50.0	27.8	100.0
계	인원	25	126	304	105	560
	%	4.5	22.5	54.3	18.8	100.0

미디어 교육의 개념에 대한 인지 정도는 '① 전혀 몰랐다 ② 다른 개념으로 알고 있었다 ③ 읽거나 들어본 적은 있다 ④ 잘 알고 있었다'의 4등급으로 나누어 교사들에게 하나를 선택하여 표시하도록 했다. '잘 알고 있었다'라는 응답을 제외하고는 모두 미디어 교육의 개념에 대해 제대로 이해하지 못한 경우이다. 응답자 560명 중 미디어 교육의 개념을 잘 알고 있었다고 답한 교사는 105명으로 전체의 18.8%에 불과했다. 교사의 81.2%는 미디어 교육의 본질에 대해 잘 알고 있지 못하다는 의미이다. '읽거나 들어본 적이 있다'고 답한 교사는 54.3%로 가장 높은 비율을 차지했지만, 그러한 경험이 교육적으로 융화되지는 않은 것으로 판단

된다.

'잘 알고 있었다'고 답한 교사의 연령대를 보면, 40대와 50대의 교사들이 높은 비율을 나타났다. 이것은 학교에서 미디어 교육을 학습하는 중 · 고등학교 자녀들의 영향 때문으로 예상된다. '전혀 몰랐다'고 답한 4.5%의 교사들 중 50대 교사126명 가운데 한 명도 없는 것도 특이할 만한 사실이다.

3.3.2. 미디어 교육의 학교 교육 도입 필요성에 대한 인식

우리나라의 미디어 교육은 전반적으로 볼 때 이론 연구보다는 사회 운동 차원의 실제적 측면에 집중되어 있다. 내용면에서도 교육 이론에 입각한 미디어 교육이라기보다는 미디어 수용자들이 언론 현상에 대한 비판적 인식을 갖도록 하고 언론의 폐해로부터 스스로를 보호하며, 더 적극적으로는 그 폐해를 개선하기 위한 캠페인의 성격이 강하다. 말하자면 실천적 운동을 목표로 한 기본적인 의식화 교육을 중심으로 발전해 왔다고 볼 수 있다(안정임 · 전경란, 1999:187). 실천적 운동의 중심에는 사회 단체나 여성 단체가 있었고, 이 단체들을 중심으로 단기 강좌나 세미나, 워크숍의 형태로 이루어지고 있는 경우가 대부분이었다. 그러나 이러한 형태의 미디어 교육은 시행 단체의 성격이나 특성에 따라 교육의 목적과 내용이 서로 다르며, 일관성과 체계성, 연속성을 갖기 어려운 것이 실정이다. 또한 미디어 교육을 실시하는 단체의 특성상 학생들이 교실에서 접하는 경우는 극히 드물고, 특정 장소로 찾아가야 한다는 점 때문에 미디어 교육을 다수의 학생들이 접할 기회는 더욱 줄어들었다.

미디어 교육을 체계적으로 일관성있게 실시하기 위해서는 학교 교육으로 미디어 교육을 끌어들이는 방법이 최선이다. 공교육에서 미디어 교육을 실시함으로써 사회 현상을 바라보는 학생들의 지적 욕구를 해소하며, 사회의 일원으로서의 작격을 갖추기를 원하는 학부모의 요구를 수용할 수 있어야 할 것이다.

미디어 교육을 공교육으로 도입할 필요가 있느냐 하는 논의는 더 이상 필요하지 않아 보인다. 학생이나 학부모들의 요구, 사회 환경을 둘러싼 생태적 상황이나 지식 구조의 변화, 공교육이 가져야 할 책임 등 미디어 교육이 공교육에 도입되어야 하는 근거는 충분하다.

교사들의 교수 실태에서 보았듯이 교사들의 다수가 텔레비전, 인터넷, 온라인 게임, 광고, 만화 등을 교육적 필요에 의해 가르쳤다는 조사 결과는 교사들도 미디어 교육의 정규 교육화에 대한 필요성을 어느 정도는 인식하고 있다는 해석도 가능하다. 미디어 교육의 정규 교육과정 편성은 교사들의 인식과 어떤 상관관계에 놓이는지 살펴보기로 하자.

〈표 3-21〉 미디어 교육의 학교 교육 도입 필요성에 대한 초등 교사의 인식

연령대 \ 필요성		전혀 불필요하다	다소 불필요하다	다소 필요하다	매우 필요하다	모르겠다	계
20-29세	인원	3	25	42	0	0	70
	%	4.3	35.7	60.0	0.0	0.0	100.0
30-39세	인원	4	48	91	25	0	168
	%	2.4	28.6	54.2	14.9	0.0	100.0
40-49세	인원	7	49	84	49	7	196
	%	3.6	25.0	42.9	25.0	3.6	100.0
50세 이상	인원	0	32	77	17	0	126
	%	0.0	25.4	61.1	13.5	0.0	100.0
계	인원	14	154	294	91	7	560
	%	2.5	27.5	52.5	16.3	1.3	100.0

조사 결과, 미디어 교육의 정규 교과로의 편입이 필요하다는 것이 초등 교사 다수의 의견이다. 미디어 교육을 공교육으로 도입할 필요성이 있다는 의견은 전체의 68.8%를 차지했고, 불필요하다는 의견은 30% 정도로 나타났다. 30%라는 수치는 미디어에 대한 교수 경험을 묻는 질문에 대해 가르쳐 본 경험이 없다고 응답한 교사의 비율이 각 미디어별로 대략 20~40%로 나타난 결과와 전혀 상관이 없어보이지는 않는다.

연령별로는 20대 교사가 미디어 교육의 공교육화에 대한 부정적인 의견이 40%로 가장 많이 나타났고, 50대 교사의 부정적인 의견이 28.6%로 가장 적게 나타났다. 긍정적인 의견은 40대 교

사가 67.9%로 가장 높고, 20대 교사가 60%로 가장 낮은 수치를 보였다. 젊은 교사들일수록 미디어 교육의 필요성을 더 절감할 것으로 예상했지만, 그 필요성은 교육 경험이 많은 교사들이 오히려 더 느끼고 있었다. 이것은 교육 경험이 많을수록 새롭고 다양한 분야의 학문에 대한 교육적 적용이 더 유연하게 작용하는 것으로 판단된다.

3.3.3. 미디어 교육의 국어 교과 도입에 대한 인식

미디어 교육을 학교 교육의 일부로 받아들이자는 의견에 대해 교사들의 대다수가 동의한 듯하다. 그렇지만 그 다음으로 생각해야 할 문제는 어떻게 받아들여야 하는가의 문제이다.

미디어 교육을 학교 교육에서 실시하는 방법은 다음과 같이 몇 가지로 요약할 수 있다. 첫 번째는 미디어 교육을 독립 교과로 인정하는 방안이다. 이것은 미디어 교육의 학문적 위치를 제공하고 심층적인 연구 작업이 가능하다는 점에서 매우 긍정적이다(안정임 · 전경란, 1999:256~257). 하나의 교과목으로 미디어 교육을 설정하기 위해서는 구체적인 교육과정과 실천 방안에 대한 연구가 좀 더 광범위하고 심도있게 진행되어야 하고, 이에 따라 교과서의 개발, 교육 목표와 교육 내용의 선정, 교육 평가 등의 설계도 이루어져야 하는 부담감이 있다. 이외에도 양성 기관과 교육 기관의 프로그램의 변화도 필요하며, 교육과정의 실현 과정에서 많은 설비와 투자를 마련해야 하기 때문에 시간과 재정의 어려움도 극복해야 하는 한계점을 지니고 있다. 무엇보다 가장 중요한 문제는 미디어 교육의 목표, 내용, 교수-학습 과정이 기존의 교과목과 상당 부분 중복될 가능성이 있기 때문에 그럴 경우 교과의 존재 이유가 상실될 가능성이 있다.

두 번째는 정규 과목이 아닌 특별 활동으로 실시하는 방안이다. 이 방법은 다른 나라에서 학교에 미디어 교육을 처음 도입하면서 시행했던 일반적 방법으로 미디어 교육에 대한 인식이 보편화되지 않는 상태에서 미디어 교육의 존재를 알리는 데 의미를 둔 방법이다. 이 방법은 교과목이라는 부담감을 주지 않고 관심 있는 학생들을 중심으로 확산시킬 수 있기 때문에 실제적으로 미디어 교육을 도입하는 데 있어 저항감이 작다는 장점이 있다. 그러나 학생들에게 미디어 교육이 일종의 취미나 여가 등으로 인식될 우려가 있으며, 전체 학생이 아니라 관심 있는 소수의 학생만을 대상으로 한다는 제한점이 있다(안정임 · 전경란, 1999:260). 또한 이 방법은 교육 내용의 구성이 전적으로 교사에게 달린 문제이기 때문에 교사의 역량에 따라 교육의 내용과 질이 달라질 수 있어서 모든 학생들이 일관성 있고 체계적인 교육을 받기 어렵다는 단점도 지니고 있다.

세 번째 방안은 기존 과목의 일부로 미디어 교육을 편입시키는 방법이다. 이 방법은 독립 교과로 인정하는 방안에서 생기는 문제들, 교육 및 양성 프로그램의 설계 및 신설 문제, 기존 교과목과의 내용 조정 문제, 시간과 재정적인 부담감 문제 등을 해소할 수 있는 장점이 있다. 그러나 이 방안 역시 교과별로 미디어와 관련된 내용을 수용하기 위해 교육과정에 대한 개편 작업을 해야 하고, 기존 교과목과 미디어의 상관관계 속에서 교과의 특성과 내용을 강조하다가 미디어에 대한 총체적인 이해보다는 교과 학습을 위한 도구로 전락시키는 결과를 낳을 수도 있다. 또한 새로운 교육 내용을 가르쳐야 하는 교사들의 부담도 문제로 지적되며 이를 위해 예비 교사들을 위한 양성 프로그램이나 현직 교사를 위한 연수 프로그램도 마련되어야 한다.

이상의 세 가지 방안은 모두 나름대로의 장점과 단점을 지니고 있다. 미디어 교육을 학교 교육에 수용하는 방안은 우리나라의 현실과 상황을 충분히 고려하여 이루어져야 하며, 미디어 교육의 본질과 가치를 충분히 실현할 수 있는 방향으로 나아가야 한다. 이러한 맥락에서 미디어 교육을 공교육화하는 방안으로 기존의 교과목에 미디어 교육을 포함하는 것이 가장 현실적이라는 평가이다. 심상민(2003:2)에서는 미디어 교육을 위한 독립 교과가 존재하지 않는 현실을 감안할 때, 모든 학생들에게 공교육의 틀 안에서 내실 있는 미디어 교육을 실시하기 위한 가장 현실적인 대안은 미디어 교육을 기존 교과에 수용 또는 접목하는 것이라고 하였다. 김태환(2000:17)에서는 기존 교과에 미디어 교육을 수용하는 방법을 채택하는 이유로 두 가지를 들었다. 첫째는 우리나라 미디어 교육이 초보적인 수준으로서 독립 교과로서 미디어 교육을 담당할 전문 인력이나 교육 경험, 시설 및 장비 등이 절대 부족하기 때문이라 하였고, 둘째는 모든 학생들에게 전체적인 미디어 교육을 실행하는 데에는 기존 교과를 통해 실행하는 방법이 가장 적합하며 그것은 국가 교육과정으로 전국이 공통된 교육과정을 가지고 있는 우리나라 조건에서 정부의 교육 정책이 수립되기만 하면 신속하게 자리 잡을 수 있는 현실적인 대안이라는 것이다.

교육 내용적으로 볼 때 국어 교육의 내용이 언어라는 도구를 기반으로 표현하고 이해하는 모든 영역으로 확장될 수 있기 때문이기도 하며, 매체 언어를 국어 교과에 수용하면 언어 활동의 현실성을 고려할 수 있으므로 국어 교육의 정체성 확보에도 도움이 되기 때문이다.

미디어 교육의 공교육화, 더 구체적으로는 국어 교육에 수용하는 방안을 모색해 보았는데, 실제적으로 교사들은 미디어 교육을 국어 교육에 수용하는 방안에 대해 어떻게 생각하는지 설문을 통해 알아보았다.

> 만약 공교육에 미디어 교육을 도입한다면, 국어 교육에 수용하는 것에 대해 어떻게 생각하십니까?
> ① 매우 부적절 ② 부적절 ③ 적절
> ④ 매우 적절 ⑤ 모르겠다

〈표 3-22〉 미디어 교육의 국어 교육 도입에 대한 초등 교사의 인식

연령대＼의견		매우 부적절	부적절	적절	매우 적절	모르겠다	계
20-29세	인원	4	38	24	4	0	70
	%	5.7	54.3	34.3	5.7	0.0	100.0
30-39세	인원	7	67	90	0	4	168
	%	4.2	39.9	53.6	0.0	2.4	100.0
40-49세	인원	14	56	112	7	7	196
	%	7.1	28.6	57.1	3.6	3.6	100.0
50세 이상	인원	0	35	67	10	14	126
	%	0.0	27.8	53.2	7.9	11.1	100.0
계	인원	25	196	293	21	25	560
	%	4.5	35.0	52.3	3.8	4.5	100.0

초등 교사들은 미디어 교육을 국어 교육에 도입하는 방안에 대해 적절하다고 생각한 의견이 우세한 것으로 드러났다. 적절하다고 응답한 교사는 56.1%로 부적절하다고 응답한 교사 39.5%보다 약 15% 정도 높게 나타났다. 그러나 20대 교사들은 부적절하다는 의견이 적절하다는 의견보다 더 많았다. 부적절하다고 응답한 비율은 60%, 적절하다고 응답한 비율은 40%로 미디어 교육의 국어 교육 내 수용에 대해 다소 폐쇄적인 인식을 가지고 있었다. 미디어 교육의 필요성에 대한 인식과 마찬가지로 미디어 교육을 국어 교육에 수용하는 것에 대해 가장 긍정적인 의견을 보인 연령대는 40대와 50대이다. 40대 교사의 60.7%, 50대 이상

교사의 61.1%가 국어 교육에 수용하는 방안이 적절하다고 답을 했다.

국어 교육에 미디어 교육을 수용하는 것에 대해 부정적인 의견과 긍정적인 의견을 갖는 교사들에게 자신들의 생각에 대한 구체적인 이유를 물었다. 미디어 교육의 국어 교육 도입에 대해 부적절하다고 생각하는 교사 221명에게 왜 그렇게 생각하는지 그 이유를 표시하게 했다.

미디어 교육을 국어 교육에서 수용하는 것이 바람직하지 않다고 생각하신 이유는 무엇입니까? ① 국어 교육의 내용으로 부적합하기 때문에 ② 국어 교과보다는 다른 교과에 더 적합하다고 생각하기 때문에 ③ 독립 교과로 인정하는 것이 더 바람직하다고 생각하기 때문에 ④ 내용에 따라 가르치는 교과목을 달리해야 할 필요성이 있기 때문에 ⑤ 기타 ( )

〈표 3-23〉 미디어 교육의 국어 교육 수용에 대한 초등 교사의 부정적 인식

연령대 \ 의견		국어 교육의 내용으로 부적합하기 때문에	국어 교과보다는 다른 교과에 더 적합하다고 생각하기 때문에	독립 교과로 인정하는 것이 더 바람직하다고 생각하기 때문에	내용에 따라 가르치는 교과목을 달리해야 할 필요성 때문에	기타	계
20-29세	인원	14	17	0	11	0	42
	%	33.3	40.5	0.0	26.2	0.0	100.0
30-39세	인원	21	28	3	18	4	74
	%	28.4	37.8	4.1	24.3	5.4	100.0
40-49세	인원	0	32	11	24	3	70
	%	0.0	45.7	15.7	34.3	4.3	100.0
50세 이상	인원	11	13	4	7	0	35
	%	31.4	37.1	11.4	20.0	0.0	100.0
계	인원	46	90	18	60	7	221
	%	20.8	40.7	8.1	27.1	3.2	100.0

미디어 교육을 국어 교육에 수용하는 것이 바람직하지 않다고 생각하는 이유에 대한 물음에서 가장 많은 비율을 차지한 것은 국어 교육보다는 다른 교과에 더 적합하다고 생각하기 때문이라고 답을 했다. 이것은 미디어 교육의 본질을 언어 교육을 연장선이나 한 영역이라고 생각하지 않고 미디어 교육을 기술 교과라고 생각하기 때문에 나타난 결과라고 분석된다. 단순히 국어 교육 내용으로 부적합하다고 생각하는 교사들(20.8%)도 이러한 생각이 지배적으로 작용한 것으로 보인다. 교육 내용에 따라 교과목

을 달리해야 한다는 의견(27.1%)은 미디어 교육을 영역별로 세분화시켜 각 영역과 각 교과와의 상관 관계 속에서 내용론적으로 부합하는 내용을 나누어 가르쳐야 한다는 생각을 지닌 것으로 파악된다. 독립 교과로 인정하자는 의견은 8.1%에 불과했다. 기타 의견으로는 특기 적성이나 특별 활동으로 다루는 것이 좋을 것 같다는 의견이 대부분이었다.

다음은 미디어 교육을 국어 교육에 수용해야 한다는 의견을 살펴보기로 하자. 설문에 참여한 교사 560명 중 314명이 미디어 교육의 국어 교육 수용에 대해 긍정적인 의견을 나타내었는데, 그러한 자신들의 생각에 대한 이유를 물어보았다.

> 미디어 교육을 국어 교육에서 수용하는 것이 바람직하다고 생각하신 이유는 무엇입니까?
> ① 미디어도 하나의 언어 체계이기 때문에
> ② 국어 교육 말고는 미디어 교육을 가르칠만한 교과가 없기 때문에
> ③ 다른 나라도 그렇게 하기 때문에
> ④ 그냥 그래야 할 것 같아서
> ⑤ 기타 (   )

초등 교사들은 미디어 교육의 국어 교육 수용에 대해 다음과 같은 생각을 가지고 긍정적 반응을 보였다.

〈표 3-24〉 미디어 교육의 국어 교육 수용에 대한 초등 교사의 긍정적 인식

연령대 \ 의견		미디어도 하나의 언어 체계이기 때문에	국어 교육 말고는 미디어 교육을 가르칠만한 교과가 없기 때문에	다른 나라도 그렇게 하기 때문에	그냥 그래야 할 것 같아서	기타	계
20-29세	인원	20	4	0	4	0	28
	%	71.4	14.3	0.0	14.3	0.0	100.0
30-39세	인원	81	6	0	3	0	90
	%	90.0	6.7	0.0	3.3	0.0	100.0
40-49세	인원	109	4	0	3	3	119
	%	91.6	3.4	0.0	2.5	2.5	100.0
50세 이상	인원	73	0	0	0	4	77
	%	94.8	0.0	0.0	0.0	5.2	100.0
계	인원	283	14	0	10	7	314
	%	90.1	4.5	0.0	3.2	2.2	100.0

미디어 교육의 국어 교육 도입에 대해 긍정적 반응을 보인 교사들의 대부분(90.1%)은 미디어도 하나의 언어 체계이기 때문이라고 답을 했다. 이것은 미디어도 하나의 언어라는 미디어 교육의 본질에 대한 자각이 뒷받침이 된 것으로 보인다. 이 항목에서도 20대 교사들의 다른 연령대 교사들과는 다른 개성적인 생각을 엿볼 수 있었다. '국어 교과 말고는 가르칠만한 교과가 없기 때문'이라고 답한 교사가 14.3%, '그냥 그래야 할 것 같아서'라고 답한 교사가 14.3%로 비교적 높은 비율을 나타내었다. '다른 나

라도 그렇기 하기 때문에'라는 의견에 대해서는 한 명도 답하지 않은 것은 우리나라 현실에 맞는 미디어 교육의 수용이 필요하다는 교사들의 의견을 반영한 것으로 보인다. 기타 의견으로는 국어 교육 영역의 확장, 의사소통 수단으로서의 미디어와 국어교육 내용 일치 등이 있었다.

체계적이고 일관성 있는 미디어 교육에 대한 필요성이 높아진 만큼 이제 우리나라도 학교 교육에서 미디어 교육을 수용하여 사회적 변화에 따른 학습자의 요구를 충족시키기 위한 적극적인 노력을 할 필요가 있다(김희동, 2005:45). 미디어 교육이 학교 교육에 도입이 되어 현실화되기 위해서는 무엇보다 교사들의 의식의 전환과 교육에 대한 열정이 무엇보다 중요하다.

4. 미디어 영향력과 미디어 교육에 대한 학부모의 인식 실태

교육의 효과는 잘 구성된 교육과정과 가르칠 준비가 되어 있는 유능한 교사, 그리고 능동적으로 학습에 참여할 준비가 되어 있는 학습자가 서로 유기적인 관계를 이룰 때 극대화될 수 있다. 여기에 학습자에게 많은 영향을 주는 학부모의 교육적인 배려와 관심이 있을 때 교육의 성과는 더욱 극대화 될 것이다.

학부모를 대상으로 설문 조사를 한 이유도 여기에 있다. 학생들의 미디어 이용과 교육에 대한 학부모들의 인식을 조사함으로써 1차적으로는 그 실태를 파악하는 데 있고, 더 나아가서는 새로운 경향이라 할 수 있는 미디어 교육에 대한 지속적인 배려와 관심을 유도하고, 학생들의 생활을 교육과 연계시키고자 하는 의도가 담겨 있다. 미디어 교육은 학교 교육뿐만 아니라 가정 교육이나 사회 교육의 형태로도 실시되어야 한다. 학교에서의 교육을 보충하고 뒷받침해 주는 역할은 가정에서의 교육이기 때문에 학부모들을 대상으로 미디어에 대한 인식 실태를 파악하고 문제점을 분석하여 미디어 교육을 가정과 연계하여 실시하는 방안을 마련하는 기초 작업으로 학부모를 대상으로 설문 조사를 실시하였다.

4.1. 설문의 기초 자료

4.1.1. 설문 대상

학부모의 인식에 대한 설문 조사는 서울과 경기 소재의 초등학교 6곳을 선정하여 초등학교 고학년 자녀를 둔 학부모를 대상으로 실시하였다. 선정 학교는 서울의 도봉구 소재의 A 초등학교, 은평구 소재의 B 초등학교, 광진구 소재의 C 초등학교, 강남구 소재의 D 초등학교, 성동구 소재의 E 초등학교, 경기도 광주 소재 F 초등학교로 교사 설문 조사에 참여했던 학교와 동일하다. 초등학교 고학년 자녀를 둔 학부모만 대상으로 한 이유는 미디어 이용의 범위가 고학년 학생들이 저학년이나 중학년에 비해 확장성이 넓을 것으로 예측하여 그들을 가정에서 지도하고 있는 학부모들의 실태를 파악하는 것이 일반적인 학부모의 실태를 반영할 수 있으리라 생각했기 때문이다. 또한 학생의 설문에 참여한 학생들도 고학년 학생들이기 때문에 학생들의 수용 실태와 학부모의 인식 실태를 비교해 보는 것도 가치있으리라는 것도 한 이유이다.

설문에 참여한 학부모의 인원은 모두 429명이었으며, 이 중 30대는 137명, 40대는 292명이었다. 50대 이후의 학부모는 빈도수가 적어 표집의 의미가 없기 때문에 제외하고, 30대와 40대 학부모만의 설문 자료를 연구의 대상으로 삼았다. 설문에 참여한 학부모는 남녀의 구별 없이 통계를 작성하였다. 자녀의 아버지가 설문에 참여한 빈도가 극소수이기 때문에 남녀의 구분하여 차이를 밝히는 의미가 없을 것으로 판단하였다. 학부모들의 연령별 분포는 〈표 4-1〉과 같다.

〈표 4-1〉 설문 조사 참여 학부모의 지역별, 연령별 분포

연령대	인원
30대	137
40대	292
계	429

조사에 참여한 학부모는 30대가 137명, 40대가 292명이었다. 조사 결과의 분석은 연령대별로만 이루어졌는데, 지역별로는 인식의 차이를 거의 보이지 않아 연령 기준으로만 분류하였다.

4.1.2. 설문 항목

미디어 교육과 관련하여 학부모들의 인식 실태를 조사하기 위해 작성된 설문 항목의 내용은 다음과 같다.

1) 미디어의 종류별로 자녀에게 미치는 영향력은 어느 정도라고 생각하는가?
2) 미디어의 종류별로 자녀에게 미치는 영향력의 질은 어느 정도라고 생각하는가?
3) 미디어가 자녀에게 미치는 긍정적/부정적 영향력은 어떤 분야에서 두드러진다고 생각하는가?
4) 자녀들이 미디어를 접할 때 어떠한 태도를 취하는가?
5) 미디어 교육의 개념을 들어본 경험이 있는가?
6) 미디어 교육의 공교육화가 필요하다고 생각하는가?
  6-1) 필요하다고 생각한 이유는 무엇인가?
  6-2) 불필요하다고 생각한 이유는 무엇인가?

이것을 미디어 영향력에 대한 인식과 미디어 교육에 대한 인식의 두 측면으로 나누어 조사 결과를 작성하였다. 미디어 영향력에 대한 인식은 긍정적 영향력과 부정적 영향으로 나누어 미디어 종류별로 영향력의 정도와 질에 대한 평가에 초점을 두었고, 미디어 교육에 대한 인식은 자녀들의 미디어 경험과 부모들의 교육 태도, 미디어 교육의 개념과 공교육화에 대한 의견을 나타낸다. 설문 항목을 두 기준으로 나누어 분류하면 〈표 4-2〉와 같다.

〈표 4-2〉 학부모들의 미디어 인식과 교육 실태 파악을 위한 항목 분류

구 분	설문 문항
미디어 영향력에 대한 인식	1) 미디어의 종류별로 자녀에게 미치는 영향력은 어느 정도라고 생각하는가? 2) 미디어의 종류별로 자녀에게 미치는 영향력의 질은 어느 정도라고 생각하는가? 3) 미디어가 자녀에게 미치는 긍정적/부정적인 영향력은 어떤 부분에서 두드러진다고 생각하는가?
미디어 교육에 대한 인식	4) 자녀들이 미디어를 접할 때 어떤 태도를 취하는가? 5) 미디어 교육의 개념을 들어본 경험이 있는가? 6) 미디어 교육의 공교육화가 필요하다고 생각하는가? 6-1) 필요하다고 생각한 이유는 무엇인가? 6-2) 불필요하다고 생각한 이유는 무엇인가?

4.2. 미디어 영향력에 대한 학부모의 인식 실태 분석

4.2.1. 미디어의 영향력에 대한 인식

오늘날 새로운 미디어의 등장은 환경을 변화시키고 있는데 그럼으로써 인간 내부에 있는 특정부위를 자극하여 지각하고 그에 따라 우리가 인식하는 세계와 세계를 인식하는 방법, 사고 그리

고 행동유형에 커다란 변화를 일으킨다(성동규 · 라도삼, 2000: 23). 일반적으로 어린이들에게 미디어는 초기 사회화의 도구로, 그리고 성인들에게는 장기간의 수용에 따른 사회화의 도구로서 이용되어지고 있다. 특히 어린이들이 어떻게 살아가야 하는지, 그리고 자신들의 경험들과 이 교훈들을 적용해야하는지를 배워 가고 있다는 사실이 발견되었다.

산업혁명 이후 부모들은 사회화를 준비하는 어린이와 청소년들에게 제1차 준거 틀로서의 역할을 해주지 못하고 있으며, 이 역할은 학교체제와 미디어 체제로 넘겨졌다. 이러한 아이들에게 있어 텔레비전을 비롯한 미디어는 외부세계와 접하는 '창문'이며, 사회생활에 필요한 규범과 여러 가지 정보를 습득할 뿐만 아니라, 다양한 인간들의 삶을 대하게 해준다. 이렇게 시작된 미디어와의 상호작용은 인간의 성장 발달과 함께 더욱 자극적이고 시각적인 즐거움을 추구하게 되었다. 연속적인 시각적 자극은 연속된 시각적 즐거움을 제공하지만, 단절된 사고를 가져오는 결과를 낳게 되었다.

학부모들이 자녀들의 미디어 이용에 대해 격려나 염려하는 이유는 그것이 주는 영향력 때문이다. 미디어의 영향력은 학생들의 학습이나 사고, 삶의 질, 생활 패턴 등 그 영향력의 범위는 다양하다. 초등학생 자녀를 둔 학부모들은 미디어가 자녀들에게 미치는 영향력 중 어느 부분에서 두드러진다고 생각하는지 알아보기로 하자.

• 미디어가 자녀에게 미치는 긍정적인 영향력은 어떤 부분에서 두드러진다고 생각하십니까?
① 학습 ② 사고 ③ 삶의 질 ④ 생활 패턴 ⑤ 기타
• 미디어가 자녀에게 미치는 부정적인 영향력은 어떤 부분에서 두드러진다고 생각하십니까?
① 학습 ② 사고 ③ 삶의 질 ④ 생활 패턴 ⑤ 기타

미디어가 자녀에게 미치는 긍정적인 영향력에 대한 부모들의 인식은 〈표 4-3〉과 같다.

〈표 4-3〉 미디어의 긍정적인 영향력에 대한 학부모의 인식

구분		학습	사고	삶의 질	생활패턴	기타	계
30대	인원	38	64	11	23	1	137
	%	27.7	46.7	8.0	16.8	0.7	100.0
40대	인원	82	115	27	59	9	292
	%	28.1	39.4	9.2	20.2	3.1	100.0
계	인원	120	179	38	82	10	429
	%	28.0	41.7	8.9	19.1	2.3	100.0

학부모들은 미디어가 학생들의 사고에 가장 큰 긍정적인 영향을 준다고 생각하고 있는 것으로 나타났다. 학부모가 생각하기에 미디어의 긍정적인 영향력이 두드러지는 부분은 '사고'라는 답변이 41.7%로 가장 높게 나타났고, 학습, 생활패턴, 삶의 질 순이었

다. 이것은 30대 학부모와 40대 학부모의 공통적인 의견으로 그 비율 또한 비슷하게 나타났다. 미디어를 접할수록 사고하는 힘이 강해진다는 믿음을 가지고 있으며, 그것이 현실화되기를 기대하는 바이기도 하다. 기타 의견으로는 진로 문제, 교우 관계 등이 있었다.

미디어의 부정적인 영향력에 대한 학부모들의 생각은 〈표 4-4〉와 같다.

〈표 4-4〉 미디어의 부정적인 영향력에 대한 학부모들의 인식

구분		학습	사고	삶의 질	생활패턴	기타	계
30대	인원	28	47	14	44	4	137
	%	20.4	34.3	10.2	32.1	2.9	100.0
40대	인원	50	114	8	113	7	292
	%	17.1	39.0	2.7	38.7	2.4	100.0
계	인원	78	161	22	157	11	429
	%	18.2	37.5	5.1	36.6	2.6	100.0

미디어가 학생들에게 미치는 부정적인 영향력 중 가장 큰 영향을 주는 부분은 '사고'로 나타났다. 그렇지만, '사고'라고 답한 응답이 37.5%, '생활패턴'이라고 답한 응답이 36.6%로 거의 비슷한 수준으로 나타나 학부모들이 생각하기에 미디어는 학생들의

‘사고’와 ‘생활 패턴’에 미치는 매우 악영향이 높다고 조사되었다. ‘사고’는 긍정적인 영향력 부분에서도 가장 높게 나타나 미디어는 다른 어느 부분보다 학생들의 ‘사고’에 매우 지대한 영향을 끼친다는 결론을 얻을 수 있었다. ‘학습에 별로 좋지 않다’고 생각한 학부모는 18.2%로 ‘삶의 질’이라고 답한 학부모(5.1%)보다 다소 높게 나타났다.

30대와 40대 학부모의 차이가 가장 두드러지는 부분은 ‘삶의 질’이었다. 30대 학부모는 미디어가 학생들의 삶의 질을 해친다고 생각하는 경향이 40대 학부모가 생각하는 수준보다 높게 나타났다. 대신에 ‘사고’ 부분에서는 40대는 30대보다 높은 수치를 보여 40대 학부모는 학생들의 사고력을 다른 어느 것보다 중요시하는 것으로 판단된다.

기타 의견으로 가장 많이 나온 것은 경제적인 부분이었다. 경제적 손실을 가져오는 부분은 주로 인터넷 이용 때문이며, PC방 이용보다는 휴대전화 사용이나 게임의 아이템 구매에 많은 돈을 지출하는 것으로 판단된다. 요즈음 유행하는 대부분의 게임에서 아이템 구매는 휴대전화로 결재가 가능하기 때문에 더더욱 소비심리를 조장하기도 한다. 그러한 과정에서 발생하는 손실은 결국 부모가 책임져야 할 부분이기 때문에 ‘경제력’이 기타 의견으로 가장 많이 제시된 것으로 보인다.

4.2.2. 미디어 영향력의 정도와 질에 대한 인식

학생들이 살아가는 사회는 다양한 문화가 생성되어 일정한 기간 동안 발달하고, 쇠퇴하는 다원화된 공간이다. 현대 사회에 급속하게 발달하고 있는 대중문화는 미디어의 발달과 더불어 한 사회의 지배적인 문화를 형성하고 있는 생활양식이나 가치관 등을 더욱 분화된 양상으로 드러나게 한다. 이와 더불어 학생들은 자신들만이 공유하는 독특한 생활양식-사고, 신념, 가치 체계-을 형성해 가고 있다.

학생들의 문화 형성에 가장 큰 영향을 미치는 것은 미디어이다. 그런데 하루가 미디어 기술의 발달하면서 학생들을 둘러싼 미디어 환경도 빠르고 다양하게 변하고 있다. 이렇게 빠른 속도로 변화하는 미디어 환경이 학생들에게 미치는 영향이 커지면서, 미디어의 부정적인 영향으로 인한 우려의 목소리와 긍정적인 영향으로 인한 격려의 목소리가 공존하고 있다.

미디어가 학생들의 사회화에 미치는 역기능의 측면을 우려하는 입장은 학생들을 미디어의 부정적인 영향으로부터 보호받아야 하는 대상으로 생각한다. 학생들은 정제되지 않은 상태로 제공되는 오염된 정보로 인하여 합리적인 판단을 방해받기도 하며, 소비욕구 창출을 위해 과장된 이미지로 제공되는 광고에 의해서 잘못된 관습이나 가치를 무의식적으로 수용하기도 한다는 입장이다. 한편 미디어에 의해서 일방적으로 선정되고 인위적으로 구성된 정보들이 학생들의 가치관을 왜곡시키기도 하며, 미디어 권력이 특정 정보를 독점적으로 제공하거나 다양한 의견을 배제함으로써 학생들이 다양성을 수용하고 표현할 줄 아는 민주시민으로 성장하는 것을 방해하기도 한다.

그와는 반대로 미디어의 순기능을 강조하는 입장에서는 미디어를 통하여 풍부한 상상력과 창조력, 문화적 감수성을 공유할 줄 아는 능력을 길러준다고 한다. 이 입장에 따르면, 학생들은 개방된 인터넷 환경을 이용해서 인터넷 소설을 쓰고 향유하는 주체로서 자신들의 세대가 공유하는 생각과 상상의 세계를 자유롭게 표현하고, 소통을 통해 서로 공유 범위를 확장해가기도 한다. 그리고 영화, 다큐멘터리, 드라마 제작과 같은 다양한 영상 작품의 제작을 통해서 문화적 감수성을 높여가고, 현실을 구성하고 재현함으로써 새로운 의미를 창출하기도 한다. 이러한 현상은 학생들이 단지 대중문화의 소비자로만 머물지 않고 능동적으로 의미를 생산하는 주체임을 말해준다.

요컨대 학생들은 자신의 일상생활을 에워싸고 있는 미디어로부터 일정 부분 역기능적인 측면에서 사회화되기도 하지만, 미디어에서 지식과 정보를 획득하고, 사회문화 현상을 이해하고, 학습할 수 있는 사회화된다는 것이다(박길자, 2004:465~466).

학부모들은 미디어 영향력의 양 측면 중 긍정적인 영향력이 더 강하게 다가오길 기대한다. 그렇지만, 미디어가 어떤 영향력을 행사하느냐는 미디어와 학생간의 상호 작용이 만들어낸 결과이기 때문에 제3자인 학부모가 조정하거나 조절할 수 있는 범위를 넘어선 영역이다. 그렇다면, 제3자의 입장에서는 미디어와의 학생간의 상호 작용을 어떻게 보고 있는지 살펴보는 것도 미디어 영향력의 진보 내지는 전환을 위한 기회가 될 수 있다. 학부모들은 자녀들과 접촉하는 미디어들이 어느 정도의 영향력을 행사하며, 그 영향력의 질을 긍정적으로 보는지 부정적으로 보는지 미디어별로 살펴보기로 하자.

다음의 미디어들이 자녀들에게 미치는 영향력 정도와 질을 각각 표시해 주시기 바랍니다.

순서	미디어의 유형	영향력 정도	영향력의 질
1	TV	1 2 3 4 5	1 2 3 4 5
2	인터넷	1 2 3 4 5	1 2 3 4 5
3	온라인 게임	1 2 3 4 5	1 2 3 4 5
4	신문	1 2 3 4 5	1 2 3 4 5
5	광고	1 2 3 4 5	1 2 3 4 5
6	만화	1 2 3 4 5	1 2 3 4 5
7	책(교육용/교양용)	1 2 3 4 5	1 2 3 4 5

1: 전혀 영향력이 없음　　1: 매우 부정적
2: 거의 영향력이 없음　　2: 다소 부정적
3: 보통임　　3: 긍정도 부정도 아님
4: 다소 영향력이 있음　　4: 다소 긍정적
5: 매우 큰 영향을 미침　　5: 매우 긍정적

① 텔레비전

미디어는 우리의 생활패턴과 사고방식 그리고 성격변화에 이르기까지 깊이 영향력을 행사하고 있다. 특히, 텔레비전은 기본적인 사고방식과 감수성, 지능지수, 감성지수, 독서능력, 상상력, 놀이, 언어양식, 비판능력, 자기이미지, 지각능력 그리고 전반적인 가치관뿐만 아니라 신체와 뇌파에 이르는 우리 대부분의 영역에 강한 영향력을 행사한다. 영향력은 프로그램의 종류나 성격에 따라 긍정과 부정으로 나눌 수 있다. 오락을 목적으로 하는 프로그램인지 정보나 지식의 전달을 목적으로 하는지, 감동이나 감화를 목적으로 하는지에 따라 학생들에게 미치는 영향력의 색깔이 결정이 된다.

텔레비전과 같은 영상미디어가 갖는 특징 중의 하나는 수용자의 일상과 결합해 있다는 데 있다. 텔레비전의 영향력은 단지 미디어의 수용과 관련해서 논의되어지는 것이 아니다. 광고로부터 발생되는 소비, 연예인들의 의상이나 패션을 통한 유행, 내가 있는 곳과는 다른 공간에 대한 간접 체험, 드라마, 교양 프로그램을 통해 알게 되는 직업 세계 등 광범위한 일상생활의 모든 영역에서 발생되어진다. 이는 영상과 일상생활과의 결합은 궁극적으로 영상이 인간의 환경과 결합되어진다는 것을 의미한다. 따라서 영상 이미지들은 인간의 모든 생활영역에서 발생되어지며, 이는 여타 다른 활동의 축소를 가져올 수도 있다. 텔레비전의 구성된 허구를 우리는 여과 없이 받아들이고자 하지만, 실제 현실은 텔레비전 속의 현실과는 많은 차이가 나기 때문에 그것을 알게 된 우리는 현실을 부정하고 커다란 심적 좌절을 맛보게 된다. 텔레비전의 영향력은 극단적 양면성을 지니고 있다. 그것이 칼이 되느냐 펜이 되느냐는 수용자의 의식과 학습이 뒤따라야 하는 과제를 안고 있다.

학부모들은 텔레비전이 미치는 영향력의 정도와 그 질에 대해 다음과 같이 평가했다.

〈표 4-5〉 텔레비전이 갖는 영향력의 정도에 대한 학부모의 인식

구분		전혀 영향력 없음	거의 영향력 없음	보통임	다소 영향력 있음	매우 큰 영향을 미침	계
30대	인원	3	7	40	55	32	137
	%	2.2	5.1	29.2	40.1	23.4	100.0
40대	인원	11	21	78	111	71	292
	%	3.8	7.2	26.7	38.0	24.3	100.0
계	인원	14	28	118	166	103	429
	%	3.3	6.5	27.5	38.7	24.0	100.0

〈표 4-6〉 텔레비전이 갖는 영향력의 질에 대한 학부모의 인식

구분		매우 부정적	다소 부정적	긍정도 부정도 아님	다소 긍정적	매우 긍정적	계
30대	인원	12	49	49	21	6	137
	%	8.8	35.8	35.8	15.3	4.4	100.0
40대	인원	23	125	104	34	6	292
	%	7.9	42.8	35.6	11.6	2.1	100.0
계	인원	35	174	153	55	12	429
	%	8.2	40.6	35.7	12.8	2.8	100.0

학부모들이 생각하기에 텔레비전은 다소 영향력이 있는 미디어이며, 그 영향력이 다소 부정적이라는 시각이 가장 많은 비율을 차지했다. 부모들의 텔레비전에 대한 부정적인 시각은 '텔레비전 안 보기 운동'이나 '텔레비전 시청 연령별 등급제'와 같은 제도를 통해 보았을 때, 그리 잘못된 것은 아니라는 결론을 이끌 수 있다. 오늘날 교육자들 대다수는 수용자에게 미치는 미디어의 부정적 영향의 책임이 무엇보다도 텔레비전에 있다는 점을 강조한다. 예를 들어 R. Abeln과 같은 학자는 매일 텔레비전을 통해서 매개되는 엄청난 정보들이 어린이들에게는 아무런 보호 장치 없이 전달되는 '자극범람'13)이라고 주장한다. "어린이는 아직 매

13) 자극범람에 대한 논의는 다음과 같은 내용이 연관되어 있다.

첫째, 어린이들이 매일 많은 시간을 유해한 자극들에 노출되게 하는 텔레비전 시청의 증가는 비판되어야 한다. 둘째, 어린이들은 텔레비전의 부정적인 자극을 피할 수 있는 방어력을 전혀 발달시키지 못한 상태에서 심리적 균형을 파괴하

우 제한된 세계에서 살고 있다. 이들의 경험 영역은 매우 한정되어 있고, 이들의 성장에 맞추어 형성되는 지각 능력에 알맞게 현실이 점차적으로 경험되어야 한다. 그러나 어린이들이 텔레비전 수상기 앞에 앉아 선택의 여지가 없이 통제 없는 시청을 한다면, 어린이들의 단계적인 경험 영역들과는 관련이 없이 텔레비전에 의해서 긴장하고 크게 놀라며 쉽게 적응하지 못하는 일들에 직면하게 된다."(R. Abeln, 1989:18, 이정춘, 2004:248에서 재인용).

텔레비전이 영향력이 있다고 응답한 의견이 전체 응답자의 62.7%나 되었고, 그 영향력이 부정적이라는 의견이 48.8%, 긍정적이라는 의견이 15.6%로 큰 대조를 이루었다. 이것은 수용자로서 학생들이 가정에서 텔레비전을 보는 것은 부모의 입장에서 볼 때, 격려할만한 사항이라기보다는 텔레비전으로부터 보호해야 한다는 태도를 취하게 한다.

② 인터넷

20세기가 '텔레비전의 시대'였다면, 21세기는 '인터넷의 시대'가 될 것이다. 인터넷은 컴퓨터 기술의 등장을 통해서 새롭게 제

는 메시지 제공에 의해 영향을 받는다. 셋째, 영상 자극에 너무 일찍부터 집중하는 것은 언어 능력의 약화를 수반한다. 넷째, 미디어의 인위적 세계에 의해서 어린이들의 발달에 가장 중요한 일차적 경험의 중요성이 실종된다. 일차적 경험은 자신의 행위에 의한 경험을 의미한다(이정춘, 2004:249).

기되고 있는 기존의 미디어들과 모든 방식에서 전혀 다른 모습을 띠고 있는 새로운 미디어이다. 인터넷이 커뮤니케이션 미디어라는 점을 고려하면, 이 새로운 미디어가 일으킬 변화의 폭은 기준의 기술들과는 다를 수밖에 없다(김양은, 2000:40).

컴퓨터를 위시한 인터넷으로 제기되는 새로운 문화현상은 N세대(Network Generation)라는 신조어를 낳았고, 대한민국이 정보통신 기술의 강국으로 불릴 만큼 컴퓨터와 인터넷은 이제 우리 국민들의 생활에 중심매체로서 자리 잡게 되었다. 컴퓨터는 인간의 생활을 편리하게 해줄 기술임이 분명하다. 이는 인터넷이라는 미디어를 탄생시킴으로서, 기존의 모든 질서에 반기를 들고 있다. 커뮤니케이션체제도 변하고, 사회도 변하고, 가정도 변하고, 학교도 변한다. 이들의 중심에는 인터넷이 존재하고 있다. 학생들은 이런 환경변화 속에서 성장하고 있다.

텔레비전 세대들이 눈을 뜨면서 텔레비전을 통해서 흘러나오는 뉴스와 드라마를 통해서 사회화하였다면, 요즘의 10대들은 초고속통신망으로 연결된 컴퓨터에서 흘러나오는 인터넷 공간의 소식들을 접하면서 사회화된다. 그럼으로써 10대와 20대들은 인터넷과 컴퓨터 발달에 기여하고 있다.

인터넷의 이용은 지금까지의 시간과 공간의 개념을 깨뜨려 놓았다. 텔레비전은 적어도 지금이 몇 시쯤인지, 무엇을 해야 할 시간인지를 알려주는 기능은 했었다. 그렇지만, 인터넷은 그러한 기능은커녕 오히려 시간을 잊게 만든다. 또한 친구 관계나 가족 관계에도 많은 변화를 낳고 있다. 컴퓨터 사용 이후 친구를 만나는 횟수가 줄거나 가족 간의 대화가 줄었으며, 정서상의 변화를 야기하기도 한다. 컴퓨터가 여러 가지 측면에서 현대인들에게 중심매체로 변화하고 있음을 알 수 있다. 특히 현재의 학생들을 지칭하는 N세대에게 인터넷은 커뮤니케이션 도구이며, 학습, 놀이, 그리고 쇼핑을 위한 도구이며, 친구이기도 하다.

인터넷은 텔레비전과 마찬가지로 약과 독을 모두 가지고 있다. 긍정적인 사회화를 이끄는 약이 되기도 하고, 부정적인 사회화를 유발하는 독이 되기도 한다. 인터넷이 약이 되는 경우는 인지적 · 정서적 필요 도구로서 작용한 경우이며, 독이 되는 경우는 '클릭(click)'의 범람으로 인한 중독 증세가 대표적이다. 인터넷은 오프라인에서는 상상하지도 못할 네트워크를 형성하며 엄청난 양의 정보-질적 보장되지 못한-를 담고 있다. 양질의 정보를 선별하는 눈만 갖는다면, 학습자에게 꼭 필요한 정보를 얻고, 그것을 사회화를 위한 배경 지식으로 구축할 수 있다. 반면에 인터넷에 대해 수동적 관계를 요구당한다면, 너무 강한 몰입의 성향을 갖게 된다. 개인이 인터넷에 몰입되어갈수록 중독 증세를 나타내게 된다. 인터넷 중독은 게임 중독, 통신 중독, 음란물 중독의 3가지 유형으로 나타난다. 일반적으로 인터넷 중독자들은 컴퓨터 스크린 안에서 만들어지는 온라인 친구와 활동들에 대해 감성적인 연결고리를 형성하려는 경향이 있다. 상호작용이 활발한 채팅이나 온라인 게임 등을 통해 새로운 사람들과 만나서 교제하고 의견을 교환하는 등의 일을 쉽게 성사시켜주는 인터넷의 기능들을 즐긴다. 이 같은 가상공동체 내에서의 생활은 인터넷 중독자들에게 현실로부터의 도피는 물론 불안정한 정서적 · 심리적 욕구를 충족시키는 좋은 수단으로 사용된다.

학부모들은 자녀들에게 주어진 인터넷 환경에 대해 약이라고 생각하는지 독이라고 생각하는지, 설문을 통해 알아본 결과는 〈표 4-7〉, 〈표 4-8〉과 같다.

〈표 4-7〉 인터넷이 갖는 영향력의 정도에 대한 학부모의 인식

구분		전혀 영향력 없음	거의 영향력 없음	보통임	다소 영향력 있음	매우 큰 영향을 미침	계
30대	인원	2	13	36	46	40	137
	%	1.5	9.5	26.3	33.6	29.2	100.0
40대	인원	9	20	80	95	88	292
	%	3.1	6.8	27.4	32.5	30.1	100.0
계	인원	11	33	116	141	128	429
	%	2.6	7.7	27.0	32.9	29.8	100.0

〈표 4-8〉 인터넷이 갖는 영향력의 질에 대한 학부모의 인식

구분		매우 부정적	다소 부정적	긍정도 부정도 아님	다소 긍정적	매우 긍정적	계
30대	인원	14	44	43	31	5	137
	%	10.2	32.1	31.4	22.6	3.6	100.0
40대	인원	23	91	100	63	15	292
	%	7.9	31.2	34.2	21.6	5.1	100.0
계	인원	37	135	143	94	20	429
	%	8.6	31.5	33.3	21.9	4.7	100.0

학부모들은 대체로 인터넷이 학생들에게 미치는 영향력이 있다고 생각하고 있었다. 응답자의 62.7%가 인터넷이 학생들에게 영향을 미친다고 답을 했는데, 다소 영향력이 있다는 응답이 32.9%로 가장 많은 비율을 차지했고, 매우 영향력이 있다는 응답도 29.8%로 매우 높게 나타났다. 이에 반해 영향력이 없다고 응답한 학부모는 10.3% 밖에 되지 않아 큰 차이를 보였다.

인터넷이 갖는 영향력의 질에 대해서도 긍정도 부정도 아니라는 중립적인 입장이 다소 부정적이라는 의견보다 근소한 차로 가장 많았다. 그렇지만, 부정적인 영향력을 진단한 학부모는 40.1%로 긍정적인 영향력이라는 입장을 견지한 26.6%보다 많았다. 학생들이 가장 많이 접하는 미디어가 텔레비전과 더불어 인터넷인데, 이용자의 수나 접촉 시간이 교육적이라는 의견보다 비교육적이라는 의견이 더 우세한 것은 학생들의 인터넷 이용에 대한 교육이 반드시 필요함을 시사해 주는 대목이라 할 수 있다.

③ 온라인 게임

오늘날 청소년들의 인터넷 온라인게임은 가장 문제가 되는 병적 인터넷 사용 중의 하나이다. 우리나라의 PC방은 지금 온라인게임이 점령하고 있으며, 마치 온 나라의 청소년들이 온라인 게임에 빠져 있는 듯하다. 국내 인터넷 사용자는 2005년 현재 3천만에 육박하고 있고, 전세계적으로 대한민국은 온라인 게임 강국으로 자리매김하고 있다. 이러한 명성과 함께 온라인 게임 시장의 확대와 사회에 미치는 영향력은 상상하기 힘들 정도이다.

1998년 PC방의 보급과 스타크래프트(starcraft)라는 게임의 확산은 국내에서 온라인 게임의 새로운 장을 마련했다. 이후 각종 온라인 게임이 등장하면서 게임 이용자들은 게임 속 캐릭터를 자신과 동일시시켰으며, 전투와 협상을 거듭하며 캐릭터를 키워 나가는 가상현실을 내면화시켰다. 또한 캐릭터로 분장하는 경연대회를 열고, 각종 게임대회 및 e-sport의 활성화 등 온라인 게임이 단순한 오락의 차원을 넘어 우리 사회의 문화로 자리를 잡아가고 있는 실정이다. 특히 국내 온라인 게임의 열풍은 청소년들과 분리하여 생각할 수 없을 지경에 이르렀다. 학생 통계 조사를 살펴보면, 초등학생의 96.8%가 인터넷이나 게임을 이용하고 있다고 응답했으며, 이 중 온라인 게임 이용자가 주중에는 65.4%, 주말에는 75.6%나 되었다. 최근 온라인 게임 시장 확대와 함께 선택할 수 있는 게임의 종류도 다양해짐에 따라 게임사용자의 연령층도 넓어지고 있는 추세이며, 게임을 시작하는 연령도 낮아지고 있다.

이러한 온라인 게임을 통해 아이들은 단순히 게임 중독만이 아니라, 성향의 변화도 야기하였다. 가상현실에서 총격전이나 육탄전을 통해 살인과 폭력을 빈번하게 경험하면서 은연중에 학생들의 정서 속으로 파고들어 폭력을 아무렇지도 않게 받아들이는 결과를 낳기도 한다. 한 온라인 게임을 마치면서 수십에서 수천 명을 죽이게 되는데, 그 많은 캐릭터를 죽이는 전투를 치르는 아이들의 머릿속에는 온갖 폭력적 계획들이 난무하게 된다. 온라인 게임 중독으로 인해 아이들이 학교를 멀리하게 되고, 부모와도 대립하게 되며, 현실에서의 자기를 부정하고 온라인 게임 속에서의 자기를 곧추세우게 되는 현실은 이제 그리 희귀한 현상이 아니게 되었다.

온라인 게임의 이러한 부정적인 영향이 우리들의 청소년들의 생활패턴을 급격히 변화시킴에 따라 가정에서 부모들이 청소년의 온라인 게임 이용에 대해 깊은 관심을 가질 뿐 아니라 정부차원에서 게임의 내용에 따라 등급제 도입을 추진하는 등 청소년의 온라인 게임 이용을 규제하려고 시도하고 있다. 그럼에도 불구하고, 그러한 정책이나 대안을 뒷받침할 수 있는 이론적 혹은 경험적 연구는 매우 부족하다. 즉, 우리 사회는 청소년들이 어떻게 온라인 게임을 이용하고 있는지, 청소년들의 온라인 게임 이용을 결정하는 요인은 무엇인지, 온라인 게임이 청소년에게 어떤 영향을 주고 있는 지에 대한 과학적 지식을 갖추지 못한 채 청소년의 온라인 게임 이용의 사회적 환경이 구축되고 있는 것이다. 학부모들은 학생들의 온라인 게임의 영향력에 대해 어떻게 생각하고 있는지 살펴보면 다음과 같다.

〈표 4-9〉 온라인 게임이 갖는 영향력의 정도에 대한 학부모의 인식

구분		전혀 영향력 없음	거의 영향력 없음	보통임	다소 영향력 있음	매우 큰 영향을 미침	계
30대	인원	20	16	23	37	41	137
	%	14.6	11.7	16.8	27.0	29.9	100.0
40대	인원	46	28	59	68	91	292
	%	15.8	9.6	20.2	23.3	31.2	100.0
계	인원	66	44	82	105	132	429
	%	15.4	10.3	19.1	24.5	30.8	100.0

〈표 4-10〉 온라인 게임이 갖는 영향력의 질에 대한 학부모의 인식

구분		매우 부정적	다소 부정적	긍정도 부정도 아님	다소 긍정적	매우 긍정적	계
30대	인원	37	53	35	8	4	137
	%	27.0	38.7	25.5	5.8	2.9	100.0
40대	인원	79	119	71	13	10	292
	%	27.1	40.8	24.3	4.5	3.4	100.0
계	인원	116	172	106	21	14	429
	%	27.0	40.1	24.7	4.9	3.3	100.0

부모들이 생각하기에 온라인 게임은 학생들에게 미치는 영향력은 그 정도가 다소 크며, 질적인 면에서는 부정적이라는 의견이 지배적이었다. 온라인 게임이 학생들에게 영향력이 있다는 의견이 55.3%이고, 영향력이 없다는 의견이 25.7%를 차지했다. 영향력이 있다는 의견 중에서도 매우 큰 영향력을 미친다는 응답이 30.8%로 5개 항목 가운데 가장 높은 비율을 차지했다. 영향력의 질에 관한 질문은 부정적이라는 의견이 67.1%이고, 긍정적이라

는 의견은 8.2%에 불과했다. 학부모들의 입장에서도 온라인 게임이 학생들의 생활 패턴을 불균형하게 변화시키고, 학습이나 정서에 지장을 준다고 생각하고 있는 것이다. 학부모들의 연령별로는 큰 차이를 보이지 않았다.

④ 신문

신문은 가장 전형적이고 중요하며 오래된 대중 매체 가운데 한 형태이자 현상이다. 대중 매체의 한 형태라는 것은 종이나 스크린 위에 문자와 사진 및 그림으로 된 정보를 정기적으로 전달하는 대중 매체라는 의미로서 협의의 신문(newspaper) 개념이라고 할 수 있다. 반면 대중 매체의 현상이라는 것은 보다 넓은 의미의 언론 현상(press 혹은 journalism)을 뜻하는 것이다. 하지만 정보 통신 기술의 발달 때문에 도래하는, 방송을 비롯한 각종 새로운 매체의 출현 및 대중화는 신문의 개념을 좁은 의미의 신문으로 제한시키고 있다. 신문이 대중 매체를 대표하던 그런 시대와는 달리 그 기능과 양태가 다양해진 여러 대중 매체 때문에 역할과 영향력이 한정되어 버렸기 때문이다(강상현 외, 1996: 99). 과거에 비해 한정된 역할과 영향력에도 불구하고 신문은 여전히 사회를 대표하는 매체로서 자리매김하고 있다. 사람들은 흔히 다음과 같은 목적으로 신문을 이용한다(S. J. Baran, 2004: 110).

- 사회에서 일어나는 일에 대한 정보나 분석 얻기 위해
- 일상의 삶을 위한 도구(예를 들면, 광고를 보거나 TV, 라디오, 영화에 대한 정보를 얻거나, 누군가의 출생, 죽음, 결혼 등과 같은 소식을 얻기 위해)
- 휴식이나 현실 도피를 위해
- 다른 사람과의 관계 형성을 위해(신문의 내용은 대화를 이끄는 하나의 자료)
- 사회적 접촉을 위해(인간사의 재미있는 이야기와 사설을 통해)

초등학생들에게 신문은 이러한 모든 목적을 충족시키지는 못한다. 사회에서 일어나는 여러 가지 일에 대한 사실을 확인하거나 기대하지 않았던 정보를 얻거나 재미를 위해 만화를 읽거나 학습을 위해 주어진 학습 문제를 해결하는 데 주로 이용한다. 그만큼 영향력의 폭이 더 줄어든 것이다.

신문을 통해 얻어낸 정보가 생활을 영위하는 데 있어서 없어서는 안 될 중요한 자원이 되거나, 신문이 제공한 정보를 가지고 동시대의 사람들과 유대를 형성하여 공동체 의식을 갖거나, 자신의 삶을 진단하는 거대한 역할을 하지는 않는다는 것이다.

학생들의 미디어별 선호도 조사에서 신문은 14.5%의 선호도 수준으로 광고 다음으로 학생들이 별로 좋아하지 않는 미디어로 조사되었다. 그렇지만, 유익성 면에서는 응답자의 67.7%가 유익하다고 답해 교육용이나 교양용 도서 다음으로 유익한 미디어로

인식되었다. 여기에서 간과해서는 안 될 중요한 부분은 신문이 그만큼이나 유익한 매체임은 모두가 공감하는 바이나, 신문의 유익성은 신문 텍스트가 갖는 진실성이 우선 담보되어야 한다는 것이다. 그렇지만, 신문의 특성상 완벽한 객관성에 따른 진실성이란 보장되지 않는다. 기사를 쓴 기자의 시각이 갖는 주관성을 배제할 수 없기 때문이다.

신문의 진실성과 객관성 이외에 신문의 영향력을 결정할 수 있는 큰 요인 중 하나는 바로 독자들이 신문을 보는 시각이다. 우리가 신문에서 얻은 정보를 통해 일정한 판단을 내린다고 할 때, 그 판단의 합리성 여부는 곧 정보의 진위에 의해 결정된다. 그런데 신문 기사는 기자의 판단과 관점에 의해 재구성된 결과이기 때문에 독자는 그 기사를 액면 그대로 받아들이는 것은 곧 기자의 판단과 관점을 받아들이는 행위라고 할 수 있다. 그런 점에서 독자인 학생들은 신문 기사에 대한 주체적 판단을 내리기 위해서는 무엇보다도 기사에 대한 비판적 시각을 지녀야 한다(이태영 외, 2000:71).

학생들 스스로 신문의 유익성이나 교육적 가치를 인정하는 상황에서 학부모들은 학생들이 읽는 신문에 대해 영향력의 정도나 질에 대해 어떤 의견을 가지고 있는지 살펴보자.

〈표 4-11〉 신문이 갖는 영향력의 정도에 대한 학부모의 인식

구분		전혀 영향력 없음	거의 영향력 없음	보통임	다소 영향력 있음	매우 큰 영향을 미침	계
30대	인원	20	25	56	25	11	137
	%	14.6	18.2	40.9	18.2	8.0	100.0
40대	인원	40	59	109	63	21	292
	%	13.7	20.2	37.3	21.6	7.2	100.0
계	인원	60	84	165	88	32	429
	%	14.0	19.6	38.5	20.5	7.5	100.0

〈표 4-12〉 신문이 갖는 영향력의 질에 대한 학부모의 인식

구분		매우 부정적	다소 부정적	긍정도 부정도 아님	다소 긍정적	매우 긍정적	계
30대	인원	3	9	51	50	24	137
	%	2.2	6.6	37.2	36.5	17.5	100.0
40대	인원	7	21	104	118	42	292
	%	2.4	7.2	35.6	40.4	14.4	100.0
계	인원	10	30	155	168	66	429
	%	2.3	7.0	36.1	39.2	15.4	100.0

학부모들은 신문의 영향력 정도에 대한 '그저 그렇다' 정도의 반응을 보였다. 신문의 '영향력이 없다'고 답한 학부모는 33.6%, '보통이다'고 답한 학부모는 38.5%, '영향이 있다'라고 답한 학부모는 28% 정도로 나타났다. 이는 우리나라 초등학생의 신문 구독률이 낮은 현실을 그대로 반영한 결과로 보인다. 영향력의 질에 관한 질문에 대해서는 다소 긍정적이라는 의견이 39.2%, 매

우 긍정적이라는 의견이 15.4%로 긍정적이라는 반응이 54.6%를 차지해 신문의 교육적 효과를 입증하는 결과가 되었다. 긍정도 부정도 아니라는 응답은 39.2%로 높게 나타났는데, 이는 학생들이 신문을 보지 않기 때문에 나타난 결과로 볼 수 있다.

⑤ 광고

학생들이 가장 흔하게 접하는 매체인 텔레비전이나 인터넷만을 고려해 보았을 때, 그 안에서 광고는 빼놓을 수 없는 하나의 양식으로 굳어져 있다. 텔레비전 방영 시간의 상당 부분을 광고가 차지하고 있고, 원하는 프로그램을 보기 위해서는 수십 편의 광고를 지나 보내야 하는 과정이 수반된다. 또한 인터넷을 처음 시작할 때 열리는 웹 페이지의 상하좌우는 광고가 차지하고 있으며, 이용자의 아무런 동의 없이 웹 페이지를 여는 순간 특정 광고 화면이 스크린을 가득 채우기도 한다. 광고주는 그들이 원하는 시간대에 공격적인 광고를 끊임없이 내보내며, 학생들은 자신들의 의사와 상관없이 이러한 광고의 영향을 끊임없이 받게 된다.

광고는 그 시대의 풍속도이다. 그래서 그 시대를 살아가는 사람들의 의식주와 생각을 그 안에 담고 있다. 또한 광고는 사람들의 생활양식을 변화시키고 문화형성에 크게 기여한다. 광고는 소비자에게 정보를 제공하여 광고주의 마케팅 목표를 달성시키는 일차적인 기능 외에 그 사회의 가치, 규범, 태도와 행동 양식을 규정하는 데 큰 몫을 차지하고 있다(이태영 외, 2000:48). 광고가 영향을 미치는 가치, 규범, 태도, 행동 양식은 학생들이라고 해서 자유로울 수는 없다. 광고를 매개로 한 커뮤니케이션 과정을 통해 학생들도 다양한 형태의 사고방식을 형성하고, 행동의 변화를 일으키는 것이다.

광고주의 입장에서 광고는 상품을 판매하는 하나의 전략으로서 상품에 대한 정보를 소비자들에게 알려 자신의 상품을 구매하게 하려는 의도를 지닌 설득 수단이다.[14] 소비자의 입장에서는 다양한 정보를 받아들일 수 있는 하나의 통로이다. 따라서 광고주의 입장에서 광고에 사용하는 언어는 소비자를 설득시켜 상품을 구매하는 행동을 유발시킬 수 있는 효과를 가져야 하지만, 소비자의 입장에서는 광고를 통하여 많은 정보를 받아들임으로써 좀 더 좋은 상품을 선택할 수 있는 기회를 가져야 한다.

광고는 자유 경제 체제에서 시장을 활성화시키는 데 없어서는 안 될 사회적 제도이다. 광고는 상품에 대한 정보를 전달하고 소비자를 설득하고 교육하는 기능을 사회로부터 부여받고 있다. 광

14) 넓은 의미에서 광고는 상업적 커뮤니케이션뿐만 아니라 정치적 이념이나 종교적 신념, 사회적 가치들을 대중들에게 알리고 설득하는 정치 광고나 종교 광고, 공익 광고와 같은 비상업적, 비영리적 광고도 포함한다. 이러한 넓은 의미의 광고는 단지 상품, 서비스의 유통뿐만 아니라 모든 인간의 교환 활동을 돕는 활동을 포함하는 넓은 의미의 마케팅의 정의를 바탕으로 한다. 따라서 광고는 인간의 여러 교환 활동을 촉진시키기 위한 의사소통 활동 가운데 하나이다(강상현 외, 1996:358).

고 옹호론자들은 광고가 상품 정보를 시장에 제공함으로써 소비자들의 정보 탐색 시간을 줄이고 소비자로 하여금 현명한 판단을 할 수 있게 하여 소비자들의 삶의 질을 높인다고 한다. 그러나 광고는 사회적, 윤리적 측면에서 항상 비판의 대상이 되어 왔다. 이는 광고가 상업적 설득성을 내재적 특성으로 하고 있기 때문이다. 광고는 소비자들로 하여금 상품에 대하여 호의적으로 반응하도록 설득하는 것을 목적으로 하고 있기 때문에 소비자들을 조종하거나 오도하여 그들의 소비 행위나 사고에 좋지 않은 영향을 끼칠 수도 있다는 것이 비판의 초점이다(강상현 외, 1996:378).

광고가 가진 부정적 측면에도 불구하고 피할 수 없는 현실이라면, 오히려 광고에 대해 적극적으로 수용하는 입장을 생각해 볼 수 있다. 새로운 입장에 서면 광고는 코드화된 장르로서 뿐만이 아니라, 비판적 사고, 창조적 사고의 대상으로 발전시킬 수 있는 가능성을 갖게 된다(박인기 외, 2000:146).

학생들은 광고에 대해 그리 우호적이지는 않다. 광고에 대한 선호도 조사에서 학생들의 61.4%가 광고가 싫다고 답을 했으며, 좋다고 응답한 학생은 7.6%에 불과했다. 학생들의 이런 비우호적인 태도가 광고가 학생들에게 미치는 영향력을 다소 약화시킬 수는 있겠지만, 광고 자체를 싫어할 뿐이지 광고의 내용까지 싫어한다는 의사는 아니기 때문에 광고의 영향력을 무시해서는 안 될 것이다.

광고가 학생들에게 미치는 영향에 대한 학부모들의 입장은 주로 소비 심리와 관련된 상업 광고일 가능성이 높다. 이는 광고의 영향력이 가장 크게 미치는 텔레비전 때문일 것으로 예상되며, 텔레비전에 출현하는 광고의 대부분이 상업성을 목적으로 하고 있기 때문이다. 학부모들이 생각하는 광고의 영향력 정도와 영향력의 질은 〈표 4-13〉, 〈표 4-14〉와 같다.

〈표 4-13〉 광고가 갖는 영향력의 정도에 대한 학부모의 인식

구분		전혀 영향력 없음	거의 영향력 없음	보통임	다소 영향력 있음	매우 큰 영향을 미침	계
30대	인원	8	19	41	50	19	137
	%	5.8	13.9	29.9	36.5	13.9	100.0
40대	인원	22	39	105	87	39	292
	%	7.5	13.4	36.0	29.8	13.4	100.0
계	인원	30	58	146	137	58	429
	%	7.0	13.5	34.0	31.9	13.5	100.0

〈표 4-14〉 광고가 갖는 영향력의 질에 대한 학부모의 인식

구분		매우 부정적	다소 부정적	긍정도 부정도 아님	다소 긍정적	매우 긍정적	계
30대	인원	10	33	77	15	1	137
	%	7.3	24.1	56.2	10.9	0.7	100.0
40대	인원	17	73	150	44	8	292
	%	5.8	25.0	51.4	15.1	2.7	100.0
계	인원	27	106	227	59	9	429
	%	6.3	24.7	52.9	13.8	2.1	100.0

광고의 영향력에 대해 영향력이 있다는 의견이 45.4%, 영향력이 없다는 의견이 20.5%로 나타나 광고가 학생들에게 영향력이 있다는 의견이 더 많았다. 45.4%의 의견 중 다소 영향력이 있다는 의견이 31.9%, 매우 큰 영향력이 있다는 의견은 13.5%로 영향력의 정도가 그리 크지 않다고 여기는 것으로 나타났다. 광고가 미치는 영향력의 질에 대해서는 중립적인 의견이 52.9%로 가장 많았고, 부정적이라는 의견이 31.0%, 긍정적이라는 의견이 15.9%를 차지했다. 중립적인 입장을 제외하면 부정적이라는 시각이 좀 더 강한 것으로 드러났다.

30대와 40대 학부모들의 의견을 비교해 보면, 30대 학부모들은 광고가 학생들에게 영향을 미친다는 의견이 50.4%로, 40대의 43.2%보다 약간 높게 나타났고, 광고의 영향력이 긍정적이라는 의견은 11.6%로 40대의 17.8%에 비해 다소 낮은 수치를 보였다. 30대와 40대 학부모들의 의견은 큰 차이는 없지만, 광고에 대해 40대 학부모들보다는 30대 학부모들이 좀 더 예민한 반응을 보이며, 그것이 학생들에게 그리 좋은 영향력은 아니라는 생각을 갖는 듯하다.

⑥ 만화

만화는 단순화되고 과장된 그림과 그 밖의 형상들을 의도한 순서대로 나란히 늘어놓음으로써 의미를 전달하는 매체이다. 이런 만화는 그 그림의 특성과 높은 접근 가능성 때문에 우리에게 가장 일상적인 매체 가운데 하나가 되어 있다(강상현 외, 1996: 177). 만화의 대중적인 인기에서 비롯된 산업적 가치와 교육적 효과가 새롭게 평가되고 있지만, 학부모나 교사의 입장에서는 그러한 가치보다는 '만화가 저급하다'는 시각이 더 크게 부각되기 때문에 학생들이 만화를 보는 것을 마냥 좋아하지는 않는다.

학생들이 만화를 보는 것을 독서의 연장선상에서 생각한다면, '만화 보기'가 '만화 읽기'로 탈바꿈할 수 있을 것이다. 만화가 학생들의 접촉 빈도나 선호도에서 텔레비전이나 인터넷 못지않게 높은 비율을 차지하고 있고, 하나의 대중 매체로서 학생들에게 막강한 영향력을 발휘하고 있는 현실은 언어 교육의 대상으로서 만화를 논의의 대상에서 제외시키는 것은 바람직하지 않아 보인다. 만화가 학생들의 매체 환경의 일부로 자리하고 있기 때문에 그것을 버리고 막기보다는 적극적으로 만화에 대하여 생각해보는 관점을 취해야 할 것이다. 이러한 관점을 취하기 위해서는 긍정적인 면을 최대한 수용하고 부정적인 면은 최소화하려는 노력이 뒤따라야 할 것으로 보인다.

만화가 학생들 사이에서 수용되는 양상은 대체적으로 크게 두 가지로 나타난다. 하나는 오락용으로서의 만화이고, 또 다른 하나는 전달용으로서의 만화이다. 오락용으로 만화를 접하는 것은 보통 학생들이 만화를 이용하는 대표적인 형태이다. 학생들은 휴식이나 여가 시간에 오락의 수단으로서 만화책이나 만화영화를 접하는 경우가 많다. 이와 같은 만화의 이용 방식은 만화에 대한 가장 대중적인 관념을 형성하는 양식이다. 두 번째, 전달용으로 만화를 이용하는 것은 의사 소통의 매개체로서 설득과 정보 전달이라는 목적으로 만화를 접하는 것이다. 교과서에 실린 만화를 본다든지, 광고로 이용되는 만화를 접하는 것이나 표현 수단으로 일기를 만화로 쓴다든지, 다른 사람에게 그림과 글을 조합한 메시지를 보내는 행위가 대표적인 예이다.

만화가 학생들의 사고와 학습, 생활 패턴 등에 얼마나 많은 영향을 주는지는 학부모나 교사, 학생들의 인식과 실제적인 면과는 다소 차이가 있을 수 있다. 그렇지만, 실제적으로 측정할 수 있는 성질의 것은 아니기 때문에 학생들이 생각하는 인식과 학부모들의 인식을 종합하여 유추할 수밖에 없다.

학생들의 만화와의 접촉은 주로 가정에서 이루어진다. 그렇기 때문에 학부모들의 만화에 대한 시각이 학생들의 만화에 대한 가치관을 결정하는 중요한 요소로 작용할 가능성이 많다. 학부모들은 만화에 대해 어떤 생각을 가지고 있는지 살펴보기로 하자.

〈표 4-15〉 만화가 갖는 영향력의 정도에 대한 학부모의 인식

구분		전혀 영향력 없음	거의 영향력 없음	보통임	다소 영향력 있음	매우 큰 영향을 미침	계
30대	인원	12	15	44	47	19	137
	%	8.8	10.9	32.1	34.3	13.9	100.0
40대	인원	23	28	106	101	34	292
	%	7.9	9.6	36.3	34.6	11.6	100.0
계	인원	35	43	150	148	53	429
	%	8.2	10.0	35.0	34.5	12.4	100.0

〈표 4-16〉 만화가 갖는 영향력의 질에 대한 학부모의 인식

구분		매우 부정적	다소 부정적	긍정도 부정도 아님	다소 긍정적	매우 긍정적	계
30대	인원	11	27	72	24	3	137
	%	8.0	19.7	52.6	17.5	2.2	100.0
40대	인원	14	58	140	68	12	292
	%	4.8	19.9	47.9	23.3	4.1	100.0
계	인원	25	85	212	92	15	429
	%	5.8	19.8	49.4	21.4	3.5	100.0

만화가 학생들에게 영향력이 있다는 의견이 전체의 46.9%로 다수의 학부모들이 만화의 영향력에 공감했다. 영향력이 없다는 의견은 18.2%에 불과했으며, 중립적인 의견을 드러낸 학부모는 35.0%로 높은 비율을 차지했다. 만화가 갖는 영향력의 질에 대한 질문에 대해서는 긍정적이지도 부정적이지도 않다는 의견이

전체의 49.4%로 가장 많은 비율을 보였고, 부정적이라는 의견이 25.6%, 긍정적이라는 의견이 24.9%로 거의 비슷한 수준으로 나타났다. 이는 만화에 대한 학부모들의 인식이 많이 바뀌고 있음을 나타내 준 결과로 보인다.

만화의 교육적 가치를 인정하고 있는 사회의 분위기와 더불어 교육용 도서의 형태로 만화책이 많이 출간됨으로서 학부모들이 만화가 더 이상 금지 대상이 아니라는 인식의 전환이 일어나고 것으로 보인다. 그렇지만, 부정적인 시각도 무시할 수 없는 것이 학생들이 접하는 만화가 교육용보다는 비교육용이 많기 때문에 그에 대한 우려를 나타낸 것으로 보인다. 폭력적이고 선정적인 만화가 학생들의 정서를 해치고 있으며, 학생들이 밋밋한 만화보다는 자극이 강한 만화들에 더 호감을 나타내기 때문에 학생들이 수용자로서의 역할을 제대로 수행할 수 있는 교육적 노력이나 장치들이 요구된다.

⑦ 교육용/교양용 도서

독서가 학생들에게 부정적인 영향을 미친다고 주장하며 책 읽기를 반대하는 교사나 학부모는 없다. 독서는 과거로부터 질 좋은 영향력만이 강조되어 왔고, 실제로 독서를 함으로 인해 얻어지는 결과도 좋은 모습들이 대부분이기 때문에 독서는 다른 어떤 매체보다 좋은 도구로 인식되고 있다.

독서가 갖는 영향력은 분명히 긍정적인 면과 부정적인 면이 공존한다. 우선 긍정적인 면부터 살펴보기로 하자.

첫째, 독서는 평생학습 능력의 발판이 된다. 책을 잘 읽는다는 것은 책을 좋아한다는 의미이다. 책을 좋아한다는 것은 그만큼 지적 호기심이 있다는 것이고, 호기심을 충족시키는 기쁨을 맛보며 책을 읽는 것은 더욱 즐거운 지적 작업이 된다. 이러한 책 읽기에 대한 즐거운 기억은 학생들의 '자기 주도적 학습 능력'으로 이어져 적극적이고 능동적인 학습 의지로 승화되면서 학업 성취도를 높이는 동기가 된다.

둘째, 올바른 독서 습관은 올바른 가치관을 세우고 태도를 형성하는 데 도움을 준다. 독서에도 '올바른'이라는 전제가 세워져야 학습으로서의 독서의 제 기능을 발휘할 수 있다. 좋은 책에 대한 기준이 명확하며, 좋아하는 분야뿐만 아니라 관심을 가져야 할 필요성이 있는 분야의 책도 골고루 읽고, 자신의 부족함을 깨닫고 그것을 독서로 보충하려는 노력을 하는 학생들은 전인격체로서 성장하는 바른 과정을 걷고 있는 것이다.

셋째, 독서하는 과정에서 사고력이 지속적으로 향상되고 기초학습 능력이 증진된다. 책을 많이 읽을수록 학생들은 이해력, 추리력, 상상력, 비판력, 논리력, 어휘력 등의 사고력이 향상된다. 다양한 분야의 다양한 종류의 책을 섭렵하면서 학생들은 접하지 못한 정보에 대해 쉽게 이해하고 분석할 수 있는 계기를 마련하고, 생각하는 힘을 갖게 된다. 또한 작가의 가치관이나 세계관에 대해 비판하기도 하고, 그 비판에 대한 대안으로 새로운 해석을 내리기도 한다. 결국 독서는 사고력을 지속적으로 발전시키는 좋은 훈련 도구이다.

넷째, 풍부한 배경 지식을 습득할 수 있다. 인간의 사회화 과정은 배경 지식의 습득과 습득한 배경 지식의 적용, 새로운 배경 지식의 구성의 연속이라고 볼 수 있다. 사회에 적응해 나가기 위해 필요한 모든 지식의 총체를 배경 지식이라고 한다면, 그 범위와 양은 매우 방대하다. 그 방대한 양의 지식은 독서를 통해 직 · 간접적으로 습득할 수 있다.

독서의 부정적인 면도 있다.

첫째, 가치관의 혼란을 야기한다. 책에 담는 내용은 모두 사실은 아니다. 진실성을 담보로 작가의 주관대로 써 내려간 것이 하나의 창조물이기 때문에 작가마다 생각이 다르고 표현 방식이 다르다. 그렇기 때문에 책끼리 대립되는 현상도 종종 발생되며, 기존에 유지해오던 학생들의 가치관과 대립되는 경우도 있다.

둘째, 잘못된 독서 습관은 잘못된 가치관을 심어주고 사고의 편향을 가져온다. 신념은 자신의 정체성을 바로 세우는 역할을 하기도 하지만, 다른 것을 전혀 수용하지 않는 보수성을 띠기도 한다. 신념에 의한 편중된 독서 습관은 학생들을 점점 한 쪽으로 기울게 만든다. 또한 자신이 좋아하는 분야에 대한 편독은 마치 편식과도 같은 부작용을 낳는다. 현대 사회는 고른 지적 능력이 요구되지만, 잘못된 독서 습관은 편중된 사고 내지는 편협한 사고를 가져오기도 한다.

독서가 갖는 이러한 양 측면은 독서를 장려해야 할 이유도 되지만 독서에 대한 올바른 방향을 제시해 주어야 할 근거이기도 하다. 독서가 그 본연의 역할을 제대로 수행하기 위해서는 지속적인 관심과 교육이 필요하다.

학생들의 독서 행위에 대해 대부분이 우호적일 것 같은 학부모들은 독서가 학생들에 어떤 대상이고 도구인지, 그 영향력에 대해 어떠한 인식을 가지고 있는지 살펴보기로 하자.

〈표 4-17〉 교육용/교양용 도서가 갖는 영향력의 정도에 대한 학부모의 인식

구분		전혀 영향력 없음	거의 영향력 없음	보통임	다소 영향력 있음	매우 큰 영향을 미침	계
30대	인원	5	10	32	47	43	137
	%	3.6	7.3	23.4	34.3	31.4	100.0
40대	인원	10	23	77	88	94	292
	%	3.4	7.9	26.4	30.1	32.2	100.0
계	인원	15	33	109	135	137	429
	%	3.5	7.7	25.4	31.5	31.9	100.0

〈표 4-18〉 교육용/교양용 도서가 갖는 영향력의 질에 대한 학부모의 인식

구분		매우 부정적	다소 부정적	긍정도 부정도 아님	다소 긍정적	매우 긍정적	계
30대	인원	5	6	19	39	68	137
	%	3.6	4.4	13.9	28.5	49.6	100.0
40대	인원	3	8	47	92	142	292
	%	1.0	2.7	16.1	31.5	48.6	100.0
계	인원	8	14	66	131	210	429
	%	1.9	3.3	15.4	30.5	49.0	100.0

독서가 구축한 교육적 · 사회적 위상은 책을 매우 긍정적인 영향을 미치는 매체로 자리잡게 했다. 설문 조사 결과 학부모들의 63.4%가 도서가 학생들에게 영향력을 미치는 매체이며, 그 영향력이 긍정적이라는 응답은 79.5%로 매우 높게 나타났다. '다소 영향력이 있다'는 응답과 '매우 영향력이 있다'는 응답은 약 31%로 비슷하게 나타났으며, 긍정적 영향력의 의견은 '다소 긍정적'이라는 의견(30.5%)보다 매우 긍정적(49.0%)이 높게 나타났다. 학부모의 연령별 인식의 차이는 거의 나타나지 않고 있다.

학부모들의 인식 실태 조사 결과 학생들이 접하는 미디어에 대한 영향력과 그 영향력의 질을 종합하면, 〈표 4-19〉, 〈표 4-20〉과 같이 나타낼 수 있다.

〈표 4-19〉 미디어 영향력에 대한 학부모들의 인식 실태

미디어 \ 영향력정도		전혀 영향력 없음	거의 영향력 없음	보통임	다소 영향력 있음	매우 큰 영향을 미침	계
TV	인원	14	28	118	166	103	429
	%	3.3	6.5	27.5	**38.7**	24.0	100.0
인터넷	인원	11	33	116	141	128	429
	%	2.6	7.7	27.0	**32.9**	29.8	100.0
온라인게임	인원	66	44	82	105	132	429
	%	15.4	10.3	19.1	24.5	**30.8**	100.0
신문	인원	60	84	165	88	32	429
	%	14.0	19.6	**38.5**	20.5	7.5	100.0
광고	인원	30	58	146	137	58	429
	%	7.0	13.5	**34.0**	31.9	13.5	100.0
만화	인원	35	43	150	148	53	429
	%	8.2	10.0	**35.0**	34.5	12.4	100.0
교육용/교양용 도서	인원	15	33	109	135	137	429
	%	3.5	7.7	25.4	**31.5**	**31.9**	100.0

학생들에게 미치는 미디어 영향력의 정도에 대한 의견 조사에서 학부모들은 전반적으로 거의 모든 미디어가 학생들에게 긍정이든 부정이든 영향을 미친다고 답을 했다. 영향력이 있다는 응답에서 미치는 영향력의 정도에 따른 순서를 보면, 책(63.4%), 텔레비전(62.7%), 인터넷(62.7%), 온라인 게임(55.3%), 만화(46.9%), 광고(45.4%), 신문(28%) 순이었다. 영향력이 없다는 응답은 신문이 33.6%로 가장 높은 비율을 차지했고, 온라인 게임이

25.7%, 광고가 20.5%, 만화가 18.2%로 나타났다. 〈그림 4-1〉은 미디어의 영향력에 대한 학부모들의 인식 실태를 도표로 나타낸 것이다.

〈그림 4-1〉 미디어의 영향력에 대한 학부모들의 인식 실태 분포

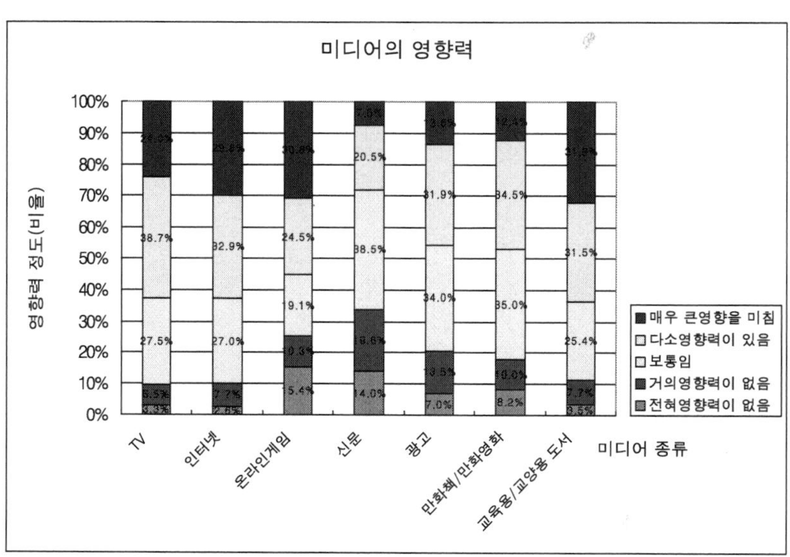

미디어의 영향력에 대한 질은 어떠하다고 생각하는지에 대한 응답에서 학부모들은 가정 내에서 학생들의 사고, 생활 습관, 학습 등 여러 가지 요건을 고려하여 미디어의 영향력을 긍정과 부정의 측면에서 평가하였다. 미디어의 영향력을 단순히 긍정과 부정으로 평가하기는 어렵다. 모든 미디어들이 부정적인 측면과 긍정적인 측면의 효과를 모두 지니고 있기 때문이다. 그렇지만, 대

체로 각각의 미디어가 학생들에게 미치는 영향력이 긍정적인 측면이 더 많은지, 부정적인 측면이 더 많은지를 평가하는 것도 미디어 영향력의 질의 정도를 어느 정도 결정할 수 있는 하나의 기회가 될 것으로 보인다.

〈표 4-20〉 미디어 영향력의 질에 대한 학부모들의 인식 실태

미디어 \ 영향력의 질		매우 부정적	다소 부정적	긍정도 부정도 아님	다소 긍정적	매우 긍정적	계
TV	인원	35	174	153	55	12	429
	%	8.2	40.6	35.7	12.8	2.8	100.0
인터넷	인원	37	135	143	94	20	429
	%	8.6	31.5	33.3	21.9	4.7	100.0
온라인게임	인원	116	172	106	21	14	429
	%	27.0	40.1	24.7	4.9	3.3	100.0
신문	인원	10	30	155	168	66	429
	%	2.3	7.0	36.1	39.2	15.4	100.0
광고	인원	27	106	227	59	9	429
	%	6.3	24.7	52.9	13.8	2.1	100.0
만화	인원	25	85	212	92	15	429
	%	5.8	19.8	49.4	21.4	3.5	100.0
교육용/교양용 도서	인원	8	14	66	131	210	429
	%	1.9	3.3	15.4	30.5	49.0	100.0

긍정적인 면보다는 부정적인 면이 더 부각되는 미디어는 텔레비전, 인터넷, 온라인 게임, 광고, 만화 등으로 나타났다. 반대로 긍정적인 측면에 더 큰 효과를 발휘하는 미디어는 신문과 교양용

/교육용 도서로 정리되었다. 학부모들은 아직 새로운 무언가에 대한 시도나 도전보다는 학생들의 이용 행태를 보고 그것의 접근과 차단을 결정하는 경향이 있다. 학생들은 즐기고 이용하는 미디어들에 대해 누군가와 대화를 나누기 보다는 혼자만의 공간에서 혼자만의 시간을 보내는 경우가 대부분이기 때문에 접근의 형태가 폐쇄적일 수밖에 없고, 그것이 학부모들이 보기에는 사고나 학습, 생활에 도움을 준다고 생각하지는 않을 것이다.

부정적인 영향력은 온라인 게임이 67.1%로 가장 많았고, 그 다음으로는 텔레비전(42.8%), 인터넷(40.1%), 광고(31.0%) 등이었으며, 긍정적인 영향력은 교육용/교양용 도서가 79.5%로 가장 높았고, 신문 54.6%, 인터넷 26.6%, 만화 24.9% 순이었다. 학부모들이 생각하는 미디어 영향력에 대한 부정과 긍정은 외적인 면과 내적인 면이 동시에 작용해서 일어나는 결과이다. 외적인 면은 미디어를 이용한 후에 나타나는 학생들의 반응에 대한 학부모들의 인식이고, 내적인 면은 이용하는 미디어의 내용에 대한 부분이다. 미디어를 긍정의 힘으로 바꾸는 것은 학생들만의 몫은 아니다. 부정에서 긍정으로의 변화는 교육과정, 교사, 학부모, 학생 모두의 노력이 수반되어야 한다.

〈그림 4-2〉 미디어 영향력의 질에 대한 학부모들의 인식 분포

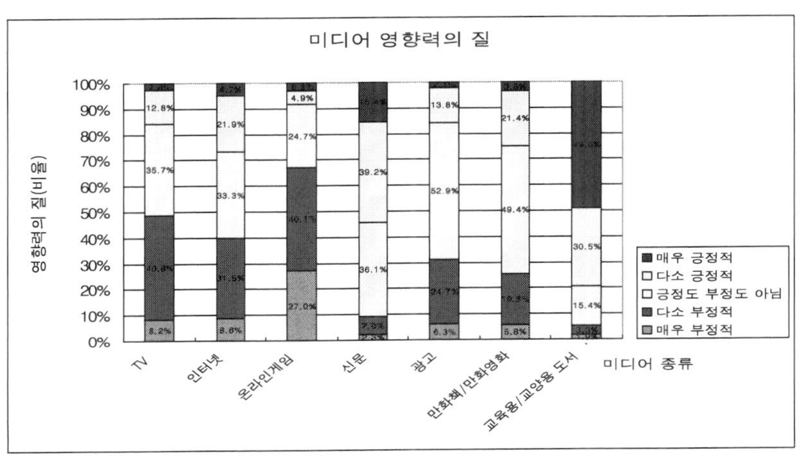

4.3. 미디어 교육에 대한 학부모의 인식 실태 분석

4.3.1. 자녀의 미디어 접촉에 대한 부모의 태도

부모는 가정 내의 중추적인 역할을 하는 주체로서 아동의 행복과 심리적 안정뿐만 아니라 기본 습관의 함양 등을 교육해야 할 책임이 있다. 자녀의 미디어 접촉에 대해서 취하는 부모들의 태도는 가정 내에서 이루어지는 교육의 연장선상에서 바라보아야 한다. 가정 내의 학생의 미디어 이용에 관한 부모들의 태도는 가정교육 또는 부모 참여 교육의 한 형태로 볼 수 있다.

가정교육은 가정에서 부모가 자녀들이 훌륭한 사람으로 성장

하도록 자녀들의 인격 형성과 지식 획득 등을 도와주거나 가르치는 인간 형성 작용이라고 정의할 수 있다. 이것은 비형식적이고 자연스럽게 이루어지며, 인간 생활의 크고 작은 규칙, 삶의 목적, 사회적 이상 실현 방법 등 인생의 중대한 과업에 대한 기본적인 태도 및 전인격적인 범위까지 학습하게 된다. 단일한 분야나 특수한 기능에만 교육을 한정시킬 수 없기 때문에 그 목표나 방법도 가정마다 서로 다른 양상을 나타내게 된다. 오늘날의 가정교육은 학교 교육의 효과를 강화시키거나 실천하면서, 형식적이고 제도적인 학교 교육에서는 성취되기 어렵거나 미진한 분야에 초점을 맞추어야 한다. 부모 참여 교육이란 교사 중심의 교육 현장 내지는 교육 프로그램에 부모가 참여하는 것을 의미한다. 즉 학생의 양육과 교육 활동에 관여하고, 이들 부모들이 학교 교육과의 동반자로서 동등한 입장에서 상호 유대 관계와 연결을 유지하여 보다 효율적인 학생의 교육 및 발달을 위해 적극적으로 노력하는 모든 과정을 의미한다.

가정 내의 교육은 벌과 물질적인 보상, 복종을 강조하는 억압적인 모형보다 칭찬, 자율성, 상호작용 등을 강조하는 참여적 모형이 더 바람직하다고 보고 있다. 그러나 과잉 간섭, 강제 지시, 어머니 중심의 가정교육 등의 과잉보호와 방임주의를 가장한 무관심 등의 잘못된 가정교육의 전형은 사회적으로 문제가 되고 있다. 따라서 자녀들의 인격을 존중하면서 사랑과 이해로서 균형 있는 가정교육을 이끌어 가는 것이 앞으로의 과제이다.

가정 내에서 일어나는 교육 활동은 정해진 형식도 규칙도 내용도 없다. 학생들의 가정 내 언행이 모두 교육의 내용이며 대상이 된다. 부모들의 교육 태도 또한 맥락과 상황과 관계와 내용을 고려하여 결정이 된다. 미디어를 접하는 자녀들에 대한 부모들의 태도 또한 그러하다. 부모들의 태도를 점검하는 것은 미디어 교육에 대한 학교와 가정과의 연계 교육 차원에서 반드시 수반되어야 할 작업이며, 가정 내 미디어 교육 실현을 위해 부모를 대상으로 하는 부모 교육의 선행 조치로 이루어져야 할 과제이다.

자녀들이 미디어를 접할 때 부모들이 취하는 태도를 점검하기 위해 다음과 같은 질문을 제시하였다.

자녀들이 다음의 미디어를 접할 때 보호자(부모님)께서는 어떤 태도를 취하십니까?

순서	미디어의 유형	보호자의 태도
1	TV	A B C D E
2	인터넷	A B C D E
3	온라인 게임	A B C D E
4	신문	A B C D E
5	광고	A B C D E
6	만화	A B C D E
7	책(교육용/교양용)	A B C D E

A: 자녀가 이용하는 대로 내버려 두는 편이다.
B: 가급적 접촉을 막는 편이다.
C: 자녀가 접하는 내용이나 태도에 따라 수시로 교육을 한다.
D: 접촉을 차단하거나 권하고 싶을 때에 시도는 하지만 자녀의 의견을 우선시한다.
E: 접촉을 차단하거나 권하고 싶을 때에 보호자의 의견을 우선시한다.

보호자의 태도를 수용과 거부, 자율과 통제의 기준으로 다섯 수준으로 구분하였다. 자녀들의 미디어 이용에 대한 부모들의 태도를 미디어별로 조사한 결과는 〈표 4-19〉와 같다.

〈표 4-19〉 자녀들의 미디어 접촉에 대한 부모의 태도

부모의 태도 \ 미디어		자녀가 이용하는 대로 내버려 둔다.	가급적 접촉을 막는 편이다.	자녀가 접하는 내용이나 태도에 따라 수시로 교육한다.	접촉을 차단하거나 권하고 싶을 때에 시도는 하지만 자녀의 의견을 우선시한다.	접촉을 차단하거나 권하고 싶을 때에 보호자의 의견을 우선시한다.	계
TV	인원	25	113	163	76	52	429
	%	5.8	26.3	38.0	17.7	12.1	100.0
인터넷	인원	26	82	157	97	67	429
	%	6.1	19.1	36.6	22.6	15.6	100.0
온라인 게임	인원	15	132	100	75	107	429
	%	3.5	30.8	23.3	17.5	24.9	100.0
신문	인원	223	9	111	64	22	429
	%	52.0	2.1	25.9	14.9	5.1	100.0
광고	인원	133	65	140	61	30	429
	%	31.0	15.2	32.6	14.2	7.0	100.0
만화	인원	77	80	139	100	33	429
	%	17.9	18.6	32.4	23.3	7.7	100.0
교육용/교양용 도서	인원	209	7	86	79	48	429
	%	48.7	1.6	20.0	18.4	11.2	100.0

자녀들의 미디어 접촉에 대한 부모들의 태도는 미디어를 바라보는 부모들의 시각과 상황적 요인이 결정적인 역할을 하는 것으로 보인다. '자녀가 이용하는 대로 가급적 내버려두는' 미디어는

긍정적인 영향력을 높게 평가한 신문과 책으로 나타났다. 자녀가 신문을 보거나 책을 읽는 것은 그 자체로 가치가 있다고 평가하기 때문에 자율적인 태도를 취하는 것으로 판단된다. 가급적 접촉을 막는 미디어는 '온라인 게임'이 대표적이었다. 자녀가 접하는 내용이나 태도에 따라 수시로 교육을 수반하는 미디어는 TV, 인터넷, 광고, 만화 등에서 높게 나타났다. 이러한 미디어는 긍정적 영향과 부정적 영향이 수시로 전환되는 특성을 지니고 있기 때문에 학부모들도 그러한 맥락에서 자녀들의 교육에 수시로 관여하는 것으로 판단된다. 접촉을 차단하거나 권하고 싶을 때가 생기는 경우, 누구의 의견을 우선시하느냐는 질문에 대해 온라인 게임을 제외한 모든 미디어는 학생의 의견을 우선시하고, 온라인 게임만 보호자의 의견을 우선시한다고 답을 했다.

텔레비전의 경우에는 자녀가 접하는 내용이나 태도에 따라 수시로 교육을 하는 태도를 취하는 부모들이 전체의 38.0%로 가장 많았고, 가급적 접촉을 막는다는 의견이 26.3%로 두 번째를 차지했다. 학생들의 의견을 부분적으로 수용하면서 통제하는 부모들의 태도를 엿볼 수 있다.

인터넷의 경우에는 텔레비전보다는 더 수용적인 태도를 취하는 것으로 나타났다. 응답자의 36.6%가 내용이나 태도에 따라 수시로 교육을 하며, 22.6%의 학부모는 접촉을 차단하거나 권하고 싶을 때에는 자녀의 의견을 우선시하는 것으로 나타났다.

온라인 게임은 부모들의 보호주의적인 관점이 가장 극명하게 드러나는 미디어이다. 자녀들에게 허용적인 분위기는 '자녀가 이용하는 대로 내버려 두는 편이다' 3.5%, '접촉을 차단하거나 권하고 싶을 때에는 시도는 하지만 자녀의 의견을 우선시한다' 17.5%로 전체의 21%에 불과했다. 약 80%의 학부모는 자녀의 온라인 게임 이용에 대해 매우 통제적인 입장을 취하는 것으로 나타났다. 이것은 온라인 게임이 학생들에게 미치는 부정적인 영향력이 강하게 인식되기 때문으로 보인다.

신문은 자녀가 이용하는 대로 내버려두거나(52.0%) 수시로 교육하는 경우(25.9%)가 전체의 77.9%나 차지했다. 이것은 신문을 접촉하는 빈도나 시간도 학생들이 별로 많지 않거니와 접촉을 하더라도 그 형식이나 내용이 인지나 정서에 유해하다고 생각하지 않는다는 학부모들의 태도를 대변한 것으로 보인다.

광고 또한 접촉을 차단하기보다 내버려 두거나 수시로 교육하는 형태가 가장 많이 차지하는 것으로 나타났다. 수시로 교육한다는 의견이 32.6%로 가장 많은 비율을 보였고, 내버려 둔다는 의견이 31.0%로 근소한 차이를 보였다.

만화는 학부모들의 자율적이고 수용적인 분위기가 드러나는 결과를 보였다. 수시로 교육한다는 의견이 32.4%로 가장 많았고, 자녀들의 의견을 우선시한다는 의견이 23.3%, 내버려 둔다는 의견이 17.9%로 전체 응답자의 73.6%가 자녀의 만화 접촉에 대해 허용적인 태도를 취하는 것으로 나타났다. 이것은 독서 교육의 한 형태로 만화 읽기에 대한 긍정적 태도가 형성이 된 요인과 함께 학생의 관심과 흥미에 대한 부모들의 수용 의지의 표현으로 판단된다.

교육용 또는 교양용 도서에 대해서는 보호주의적인 관점은 접촉을 막는다고 답한 1.6%와 보호자의 의견을 우선시한다는 11.2%에 불과했다. 대부분의 학부모들은 자녀들의 독서에 관한 한 수용적이며, 자율적인 태도를 보였다. 이는 독서의 중요성과 필요성, 독서의 효과에 대한 인식이 강하게 자리하고 있기 때문으로 보인다.

〈그림 4-3〉은 자녀들의 미디어 접촉에 대한 부모들의 태도를 미디어별로 도표로 제시한 것이다.

〈그림 4-3〉 자녀들의 미디어 접촉에 대한 부모들의 태도 분포

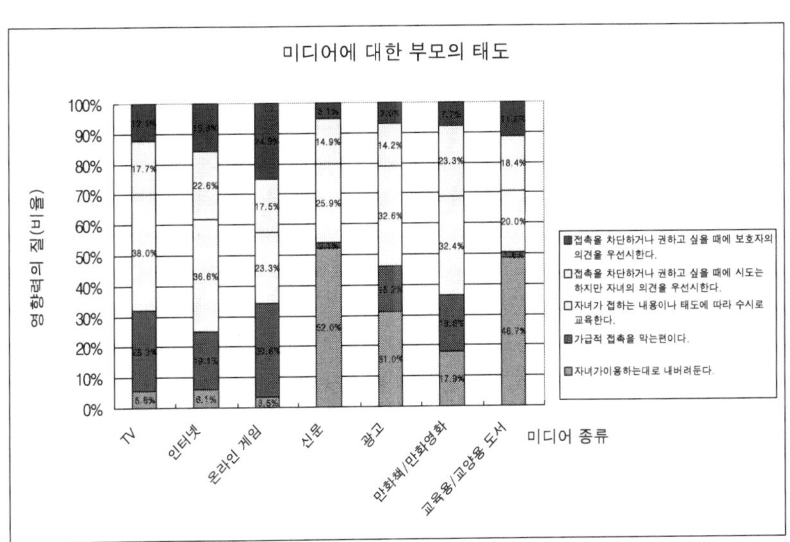

4.3.2. 미디어 교육의 개념에 대한 인지 경험

미디어는 환경이다. 미디어는 인간에게 큰 영향을 미치고 있고, 이는 곧 사람들이 미디어에 의존하며 살아갈 수밖에 없음을 말해 준다. 우리는 이른바 미디어 환경 속에서 살아가고 있는 것이다. 미디어나 미디어를 통해 표현하고 수용하는 과정은 사회적 상호의존성과 인간의 일상생활의 다양한 양상을 재구성한다. 학부모들도 미디어 환경에 놓여있고, 학생들도 그러하다. 학부모가 학생들보다 더 나은 지식 구성자로서의 역할을 할 수 있는 것은 미디어 환경을 구성하는 여러 가지 요인들을 파악하는 능력이 학생들보다 낫기 때문이다. 그러한 능력은 미디어 교육에 대해 배워서라기보다 이제까지 살아오면서 습득한 배경 지식에 의한 경우가 대부분이다.

학교 교육에서 미디어 교육을 수용하고 가정에서 학교와 연계하여 지속적인 지도를 하기 위해서는 학부모들도 미디어 교육이 무엇인지에 대한 인지가 미디어 교육의 필요성과 중요성을 설파하는 일보다 우선되어야 한다. 학부모들 세대는 학교 교육을 통해 미디어에 대한 교육을 받아본 경험이 거의 전무하다. 대부분의 미디어들에 대해 부정적인 영향력을 우려하는 것은 그러한 이유 때문일 것이다. 그렇기 때문에 자녀들의 바람직한 미디어 이용을 위해서는 부모들이 우선 미디어 교육의 개념을 인지하고, 학생들이 다양한 형태의 미디어를 통해 어떤 내용을 접하고, 그것에 대해 어떻게 생각하는지에 대해 열린 마음으로 다가갈 수 있는 준비가 되어 있어야 한다.

학부모들이 미디어 교육의 개념에 대해 어느 정도 인지하고 있는지를 파악하기 위해 미디어 교육의 개념에 대한 설명을 제공하고, 그러한 내용을 알거나 접해 본 일이 있는지 경험의 유무를 표시하게 했다.

> 미디어 교육은 미디어(TV, 인터넷, 신문, 잡지, 책, 광고, 만화, 게임, 영화 등)에 대한 기본적인 이해를 바탕으로 미디어가 전달하는 메시지를 해석하고 비판하며 활용하는 능력을 신장시키는 교육을 말합니다. 이것은 컴퓨터나 인터넷을 이용한 정보통신 활용교육이나 정보통신 소양교육과는 다른 개념이며, 미디어를 통한 교육이 아니라 미디어 자체가 교육의 대상이 된다는 점이 그 본질입니다.
>
> 위에 정의한 미디어 교육에 대해 들어보신 적이 있으십니까?
>
> ① 있다. ② 없다.

학부모들의 미디어 교육의 개념에 대해 들은 적이 있는지 없는지에 대한 조사 결과는 〈표 4-20〉에 제시되어 있다.

〈표 4-20〉 학부모들의 미디어 교육의 개념에 대한 인지 경험

구분		있다	없다	계
30대	인원	51	86	137
	%	37.2	62.8	100.0
40대	인원	139	153	292
	%	47.6	52.4	100.0
계	인원	190	239	429
	%	44.3	55.7	100.0

설문 조사에 의하면, 초등학생 자녀를 둔 학부모들 가운데 미디어 교육의 개념에 대해 들어보지 못한 학부모가 들어본 학부모들보다 더 많은 것으로 나타났다. 전체 조사 인원 429명 중 239명인 55.7%가 미디어 교육의 개념에 대해 들어본 적이 없다고 답을 했고, 알거나 들어본 적이 있다는 학부모가 44.3%를 차지했다. 그렇지만, 44.3%라는 수치도 결코 적은 수치는 아니다. 44.3%라는 학부모들은 어떤 매체를 통해 미디어 교육의 개념에 대해 들어보았는지 알 수 없으나, 본인의 자율적인 의지가 개입이 되어 특정 장소에 가서 교육을 받았다기보다는 대부분 신문이나 방송을 통한 형태라고 예상된다.

연령별로 보면, 40대 학부모가 30대 학부모보다 인지 경험이 더 많은 것으로 나타났다. 30대 학부모의 37.2%만이 미디어 교육의 개념에 대해 들어본 적이 있다고 답을 했으나, 40대 학부모의 경우에는 그 수치가 47.6%나 되었다.

4.3.3. 미디어 교육의 학교 교육 도입에 대한 인식

학교 교육은 학생의 삶에서 필요한 기본적인 능력과 태도, 가치관을 심어주고 길러주는 곳이다. 학부모들도 학교 교육에 대해 믿음을 가지고 있는 이유도 여기에 있다. 미디어가 시대의 새로운 화두로 떠오르고 있고, 교육의 신지식으로 조명되고 있는 것은 학교 교육이 그것을 또한 수용해야 하는 당위성을 안고 있는 것이다.

미디어 교육의 학교 교육 도입에 대한 인식은 앞서 교사와 학생들의 경우, 미디어 교육을 학교 교육으로 끌어들여야 한다는 의견이 지배적이었다. 그렇다면 과연 학부모들은 미디어 교육의 공교육화에 어떤 생각을 가지고 있을지 알아보기로 하자. 학부모들에게 미디어 교육의 개념을 알려준 후, 미디어 교육이 학교에서 실시할 필요가 있다고 생각하는지의 여부를 긍정과 부정의 강약 정도에 따라 4단계로 나누어 표시하도록 하였다. 그 다음 단계로 불필요하다고 생각하는 의견과 필요하다고 생각하는 의견을 분리하여 그 이유에 대해서도 물어보았다.

• 학교에서 미디어 교육을 실시할 필요가 있다고 생각하십니까?

① 필요성을 전혀 못 느낀다. ② 별 필요가 없다고 생각한다.

③ 다소 필요하다고 생각한다. ④ 매우 필요하다고 생각한다.

◦ 왜 미디어 교육이 불필요하다고 생각하십니까?

(10번에서 ①, ②번에 답을 하신 분만)

① 학업 성취나 성적과는 관련이 없기 때문에

② 다른 과목을 가르치는 시간을 나눠 할애해야 하기 때문에

③ 미디어가 학교에서 가르칠 교육 내용이라고 생각하지 않기 때문에

④ 또다른 교육 내용을 추가하는 것은 학생들에게 부담이 되기 때문에

⑤ 기타 ( )

◦ 왜 미디어 교육이 필요하다고 생각하십니까?

(10번에서 ③, ④번에 답을 하신 분만)

① 사고력 신장에 도움이 될 거라 믿기 때문에

② 미디어에 대한 비판적인 시각을 키울 수 있기 때문에

③ 지식 축적이나 학습에 도움을 줄 수 있기 때문에

④ 미디어로부터 보호해야 할 필요성이 있기 때문에

⑤ 기타 ( )

미디어 교육을 학교 교육에서 실시할 필요성에 대한 설문에서 학부모들의 응답을 〈표 4-21〉에 정리하였다.

〈표 4-21〉 미디어 교육의 학교 교육 도입에 대한 학부모들의 인식

구분		필요성을 전혀 못 느낀다.	별 필요가 없다고 생각한다.	다소 필요하다고 생각한다.	매우 필요하다고 생각한다.	계
30대	인원	1	9	89	38	137
	%	0.7	6.6	65.0	27.7	100.0
40대	인원	2	16	171	103	292
	%	0.7	5.5	58.6	35.3	100.0
계	인원	3	25	260	141	429
	%	0.7	5.8	60.6	32.9	100.0

미디어 교육을 학교 교육에 수용하는 것에 대해 전체 응답자의 93.5%가 그 필요성을 느끼고 있는 것으로 나타났다. 이것은 교사나 학생들이 느끼는 미디어 교육의 필요성과 비교해 보면, 매우 높은 수치이다.[15] 학부모들의 이러한 의견은 공교육에서 미디어 교육을 수용해야 하는 당위성을 한층 더 강화시켜 준 것이라 할 수 있다. 그렇다면 미디어 교육의 공교육화가 불필요하다고 생각하는 의견과 필요하다고 생각하는 의견에 대한 근거를 살펴

15) 초등학생의 경우, 미디어 교육의 필요성에 대해 중립적인 의견과 부정적인 의견을 제외하고, 약 60%의 학생이 미디어 교육이 필요하다고 응답을 했고, 교사의 경우, 약 68%가 미디어 교육의 필요성에 동의했다. 초등학생과 교사의 설문에서는 미디어 교육의 필요성에 대해 '보통이다' 또는 '모르겠다'라는 항목을 추가하여 중립적인 의견도 파악하였는데, 학부모들을 대상으로 한 설문에서는 중립적인 의견을 배제하고 설문 문항을 작성하였기 때문에 미디어 교육의 공교육화에 대한 교사와 학생의 의견이 학부모의 의견에 비해 조금은 낮은 수치를 보인 것으로 판단된다.

보기로 하자.

미디어 교육을 학교 교육에 수용할 필요가 없다고 말한 학부모는 전체 429명 중 6.5%인 28명이었다. 이들에게 왜 미디어 교육의 공교육화가 불필요하다고 생각하는지 그 근거를 표시하게 했다. 결과는 〈표 4-22〉와 같다.

〈표 4-22〉 미디어 교육의 학교 교육 도입에 대한 학부모들의 부정적 의견

구분		학업성취나 성적과는 관련이 없기 때문에	다른 과목을 가르치는 시간을 나눠 할애해야 하기 때문에	미디어가 학교에서 가르칠 내용이라고 생각하지 않기 때문에	또 다른 교육내용을 추가하는 것은 학생에게 부담이 되기 때문에	기타	계
30대	인원	2	2	5	1	1	10
	%	20.0	20.0	50.0	10.0	10.0	100.0
40대	인원	4	3	5	4	2	18
	%	22.2	16.7	27.8	22.2	11.1	100.0
계	인원	6	5	10	5	3	28
	%	21.4	17.9	35.7	17.9	10.7	100.0

미디어 교육을 학교 교육으로 수용할 필요성이 없다고 답한 학부모들의 구체적인 의견을 살펴보면, 미디어가 학교에서 가르칠 내용이라고 생각하지 않는다는 의견이 35.7%로 가장 많았다. 그 다음으로 많은 비율을 차지한 것은 학업이나 성적과 관련이 없기 때문이라는 의견이었다(21.4%). 미디어 교육의 학교 교육 도입에 반대하는 입장은 대부분 현실적으로 입시와는 거리가 먼 교육이

라 생각하기 때문일 것이다. 초등학교 과정도 대학 입시를 위한 준비 과정으로 생각하는 현실이 안타깝지만, 그것이 지금의 삶에서 가장 가치 있는 일이라고 믿는 사람들에게는 그것을 위한 수단만 존재할 뿐이다.

대다수의 학부모들은 미디어 교육을 학교에서 가르치는 것에 동의하는 입장이다. 미디어 교육의 학교 교육 도입에 찬성하는 학부모들은 어떤 근거로 그와 같은 의견을 내세우는지 살펴보도록 하자.

〈표 4-23〉 미디어 교육의 학교 교육 도입에 대한 학부모들의 긍정적 의견

구분		사고력신장에 도움이 될 거라 믿기 때문에	미디어에 대한 비판적인 시각을 키울 수 있기 때문에	지식 축적이나 학습에 도움을 줄 수 있기 때문에	미디어로부터 보호해야 할 필요성이 있기 때문에	기타	계
30대	인원	32	39	33	22	1	127
	%	25.2	30.7	26.0	17.3	0.8	100.0
40대	인원	82	52	76	62	2	274
	%	29.9	19.0	27.7	22.6	0.7	100.0
계	인원	114	91	109	84	3	401
	%	28.4	22.7	27.2	20.9	0.7	100.0

학부모들이 미디어 교육의 공교육화에 찬성하는 가장 큰 이유는 사고력 신장에 미디어 교육이 도움이 될 것이라는 기대감 때문(28.4%)으로 나타났다. 또한 지식의 축적이나 학습에 도움이

될 수 있기 때문이라는 응답도 27.2%로 사고력 신장과 거의 비슷한 수준을 보였다. 이외에도 미디어에 대한 비판적 시각을 키울 수 있기 때문이라고 응답한 학부모가 22.7%, 미디어로부터 학생들을 보호해야 하기 때문이라는 응답이 20.9%로 다양한 학부모들의 생각을 엿볼 수 있었다. 결국 사고력 신장이나 비판적 시각 형성, 지식의 축적이나 미디어로부터의 보호는 모두 미디어 교육이 안고 가야할 과제인 셈이다. 학생들을 위한 미디어 교육 과정을 설계를 할 때 교육 내용의 균형 있는 선정이 필요할 것으로 보인다.

특이할만한 사실은 30대 학부모와 40대 학부모의 의견의 차가 좀 두드러진다는 것이다. 30대 학부모들의 경우, 미디어 교육을 학교에서 가르쳐야 하는 이유로 비판적 시각 형성을 가장 중요한 이유로 꼽고 있다(30.7%). 그리고 그 다음으로는 지식 축적이나 학습에 도움이 될 거라는 생각이다(26.0%). 사고력의 신장에 도움이 될 거라는 응답(25.2%)은 세 번째를 차지했다. 40대 학부모들은 '사고력 신장 → 지식 축적 → 미디어로부터 보호 → 비판적 시각 형성'의 순으로 30대 학부모와는 중요도 면에서 큰 차이를 보였다.

5. 미디어 교육에 대한 인식 실태 분석을 통해 본 문제점

이 장에서는 학생과 교사, 학부모들을 대상으로 그들이 미디어와 미디어 교육에 대해 어떤 인식을 가지고 있는지 조사한 것을 토대로 어떠한 문제점을 내재하고 있는지 분석해 보고자 한다.

5.1. 미디어 교수 경험과 학습 경험과의 격차

미디어 교육에 대한 학생과 교사의 인식을 조사한 결과, 미디어에 대한 교사들의 교수 경험과 학생들의 학습 경험의 차이가 심각한 것으로 드러났다. 교사들의 미디어 교수 경험과 학생들의 학습 경험을 '거의 없었음, 몇 번 있었음, 자주 있었음'의 3단계로 구분하여 〈표 5-1〉에 제시하였다.

〈표 5-1〉 미디어에 대한 교수 경험과 학습 경험의 차이

미디어 교수-학습 경험		거의 없었음	몇 번 있었음	자주 있었음	계
TV	교사 교수 경험	24.5	46.3	29.3	100.0
	학생 학습 경험	51.4	37.7	10.9	100.0
인터넷	교사 교수 경험	3.2	27.5	69.3	100.0
	학생 학습 경험	34.6	42.8	22.6	100.0
온라인 게임	교사 교수 경험	45.7	30.0	24.3	100.0
	학생 학습 경험	60.1	24.2	15.6	100.0
신문	교사 교수 경험	22.5	46.8	30.7	100.0
	학생 학습 경험	62.8	22.0	15.2	100.0
광고	교사 교수 경험	36.3	45.0	18.8	100.0
	학생 학습 경험	79.9	15.8	4.4	100.0
만화	교사 교수 경험	40.0	40.7	19.3	100.0
	학생 학습 경험	62.6	27.0	10.3	100.0
책(교육용/교양용)	교사 교수 경험	9.5	33.2	57.3	100.0
	학생 학습 경험	39.3	24.6	36.0	100.0

교사들은 교수 경험에서 주로 '있었다'고 답한 반면, 학생들은 주로 '없었다'고 답한 비율이 많았다. TV의 경우만 보더라도 교사들의 29.3%가 '자주 있었다'고 답을 했지만, 자주 교육을 받았다고 답한 학생들은 10.9%에 불과했고, '거의 없었다'고 답한 비율은 51.4%나 차지했다. 이러한 현상은 거의 대부분의 미디어에 나타났다.

미디어들 중 상대적으로 교사의 교수 경험이 높은 것은 인터넷과 책이었는데, 여기에서도 학생들과 교사들의 견해 차이가 극명

하게 드러났다. 인터넷의 경우, 교사의 69.3%가 자주 가르쳤다고 답을 했지만, 자주 배웠다고 답을 한 학생은 22.6%였고, 거의 가르친 경험이 없다고 응답한 교사는 3.2%에 불과했지만, 학생들의 34.6%가 거의 배운 적이 없다고 답을 했다. 교육용/교양용 책은 독서 교육 차원에서 교육이 많이 이루어졌을 것으로 예상이 되었고, 교사들 또한 책에 대한 교수 경험이 높은 것으로 조사가 되었지만, 학생들의 학습 경험은 그렇게 높지만은 않았다.

이렇게 교사의 교수 경험과 학생들의 학습 경험이 차이를 보이는 것은 학생과 교사의 상호 작용 관계에서 몇 가지 원인을 찾을 수 있다.

첫 번째는 학생들의 기억의 문제를 들 수 있다. 기억은 일상에서 경험한 내용을 머릿속에 저장하고 보존했다가 필요한 시기에 회상하여 인지해 내는 일련의 과정을 의미한다. 경험이 기억되는 과정은 일반적으로 '① 주어진 정보를 받아들이는 부호화(encoding) ② 부호의 저장(storing) ③ 필요할 때 끄집어내는 인출(retrieval)'의 3단계로 이루어진다. 이러한 과정 속에서 소멸되는 정보와 저장되는 정보가 구별되며, 저장되는 정보만이 학생들의 배경 지식으로 재구성된다. 기억은 저장기간 또는 정보의 의식 여부에 따라 일반적으로 감각기억(sensory memory), 작용기억/단기기억(working memory/short-term memory), 장기기억(long-term memory)으로 나누어진다. 감각기억은 정보가 감각기관을 통하여 저장되는 수동적인 과정이며, 이 정보들 중에서 주의를 기울인 정보만이 단기기억으로 넘어간다. 작용기억은 현재 의식하고 있는 정보들을 정보처리 하는 동안의 작업대와 같은 역할을 하는 것이며, 단기기억은 작업 기억을 포함하여 비교적 짧은 기간 동안의 기억이다. 장기기억은 나중에 재생할 수 있도록 비교적 영구히 저장되는 강화된 기억을 말한다. 장기기억에 들어간 정보는 이미 들어있던 정보들과 관련되어 다양한 형식으로 저장될 수 있으며, 적절한 맥락이 주어진다면 언제든지 인출될 수 있다. 그러나 장기기억에서 정보가 인출될 때 들어간 정보가 그대로 인출된다기보다는 저장된 형식이나 다른 지식과 관련되어 추론되고 재구성되어 나오기 쉽다.[16] 기억과 학습과의 관계를 따져 보았을 때, 교사의 교수 경험에 비해 학생들의 학습 경험의 비율이 낮은 이유는 바로 감각기억이 단기기억, 장기기억으로의 변환이 이루어지지 못하고 망각되었기 때문이다.

둘째는 교육 내용적인 측면에서 찾을 수 있다. 즉, 똑같은 교육 내용을 두고 가르치는 입장과 배우는 입장의 차이로 볼 수 있다. 교사의 입장에서 '가르친다'는 의미는 1차적으로 교육 대상에 대해 언급하거나 2차적으로 교육 대상이나 내용에 대해 거시적이든 미시적이든 정보를 제공하거나 태도를 고양하게 만드는 행위라고 볼 수 있다. 그렇지만 학생의 입장에서 '배운다'라는 의미는 언급 차원을 넘어서서 구체적인 교육 내용의 전달을 뜻한다. 예

16) http://prome.snu.ac.kr/~instps/pds/general_98/group03.html에서 인용

를 들면, 책에 대한 교육, 즉 독서 교육에서 교사가 독서의 중요성을 설파하고, 책을 읽으라는 메시지를 전달하는 것은 교사의 입장에서 '가르쳤다'고 말할 수 있으나, 학생의 입장에서는 책을 읽으라는 지시는 가르친 것이 아니고, 구체적으로 책의 내용에 대해 이야기하고 교수-학습 활동을 진행시키는 것이 '배웠다'라는 의미인 것이다.

이러한 요인 때문에 교사의 교수와 학생의 학습이 경험 빈도에서 차이를 보이는 것으로 분석이 된다. 이를 극복하기 위해서는 교수가 가르칠 내용과 학생들이 배울 내용을 명시화하는 것이 가장 중요하다. 학생들의 인지 능력에 맞는 미디어 학습을 위한 교재를 개발하여 교수-학습 활동의 지침을 마련하고, 가르쳐야 할 내용과 배워야 할 내용이 무엇인지 가시적으로 드러내 놓는 작업이 수반되어야 한다.

5.2. 미디어 영향력에 대한 부정적 인식

1920년대 미국의 연구들은 미디어가 어린이들의 사회에 대한 태도를 결정하는 데 영향력을 행사했다는 사실을 입증하였다(R. C. Peterson & L. Lthurston, 1933, 김양은, 2000:31에서 재인용). 특히, 영상미디어 속에서 묘사되어지는 인간관계, 문제해결 방식 등은 어린이들에게 자신의 정체성과 가치관, 그리고 태도를 결정하는 주요 요인이 되었다. 텔레비전은 인간들이 자신의 세계를 형성하고, 자신이 발전시키려는 행동의 척도를 결정하는데 필요한 이미지의 형성에 중요한 영향을 미치고 있다. 단기적인 태도의 변화에 미치는 영향력이 아니라, 장기적이고 누적적으로 그리고 수용자들의 인지과정에 개입하는 미디어의 힘은 새로운 방식의 문화현상을 낳고 있다.

학생들의 대부분은 텔레비전을 통해서 언어와 커뮤니케이션을 학습했고, 사고의 저변에는 텔레비전이 제시한 미디어현실들로 가득 찬 경험들이 토대를 이루고 있다. 이들에게 있어 사회화의 지배적 수단은 멀티미디어를 구성하는 영상언어이며, 이들의 삶은 미디어 공간 속에서 생멸을 반복한다. 청소년을 평가하면서 논리적 사고력이 부족하고, 시각적이고, 감각적인 것을 추구하며, 좋고 싫음을 선호로 판단하며, 자기지향적이라는 특징은 미디어의 일상화를 통해서 야기된 결과인 것이다(김양은, 2000:32).

모든 미디어는 그것이 미치는 영향력의 양과 질에 따라 긍정성과 부정성을 동시에 가지고 있다. 긍정과 부정 사이에서 미디어의 모습을 결정하는 것은 주로 그것을 이용하는 사용자의 몫이다. 미디어가 전달하는 메시지의 내용에 따라 미디어의 모습이 결정되기도 하지만, 교육적이지 않은 모습을 보고 그것을 비판하는 것도 미디어 학습의 일부라면 미디어가 전달하는 메시지의 질보다는 수용자의 수용 태도에 의해 미디어의 모습이 결정되는 것이 더 크다고 볼 수 있다. 즉, 학생들이 미디어를 어떤 태도로 접하고, 어떻게 이용하느냐에 따라 긍정적인 영향을 미치는 미디어가 되기도 하고 부정적인 영향을 미치는 미디어가 되기도 한다. 학생과 학부모를 대상으로 미디어의 유익성 또는 미디어 영향력의 질에 대한 질문을 통해 미디어가 학생과 학부모에게 인식되고 있는 실태를 보면, 다분히 부정적이라는 인상이 강하다.

〈표 5-2〉 미디어의 유익성/영향력의 질에 대한 학생과 학부모의 반응

미디어의 종류	미디어의 유익성/영향력의 질	전혀 도움 안 됨	별로 도움 안 됨	보통임	조금 도움 됨	매우 도움 됨	계
		매우 부정적	다소 부정적	긍정도 부정도 아님	다소 긍정적	매우 긍정적	
TV	유익성(학생)	7.5	14.2	40.9	26.2	11.1	100
	영향력의 질(학부모)	8.2	40.6	35.7	12.8	2.8	100
인터넷	유익성(학생)	4.2	5.6	25.2	32.3	32.7	100
	영향력의 질(학부모)	8.6	31.5	33.3	21.9	4.7	100
온라인 게임	유익성(학생)	35.9	28.6	19.7	7.3	8.5	100
	영향력의 질(학부모)	27.0	40.1	24.7	4.9	3.3	100
신문	유익성(학생)	7.0	6.1	19.2	28.2	39.5	100
	영향력의 질(학부모)	2.3	7.0	36.1	39.2	15.4	100
광고	유익성(학생)	37.6	23.8	26.9	7.4	4.2	100
	영향력의 질(학부모)	6.3	24.7	52.9	13.8	2.1	100
만화	유익성(학생)	26.4	27.4	27.7	12.1	6.5	100
	영향력의 질(학부모)	5.8	19.8	49.4	21.4	3.5	100
교육용/교양용 도서	유익성(학생)	3.3	4.0	11.7	18.3	62.8	100
	영향력의 질(학부모)	1.9	3.3	15.4	30.5	49.0	100

학생과 학부모의 인식을 비교해 보면, 학생들이 생각하는 미디어의 유익성과 학부모들이 생각하는 미디어의 영향력은 전혀 별개의 관계로 놓여있지 않다는 사실을 발견할 수 있다. 학생들은 그들이 어떤 것을 좋아하느냐 싫어하느냐에 상관없이 어떤 미디어가 자신들에게 유익한가를 파악하고 있었으며, 학생들의 미디어의 유익성에 대한 생각은 학부모들이 생각하는 미디어 영향력의 질과 관련이 있었다.

학생과 학부모의 미디어의 영향력을 비교해 보았을 때 특징적인 것은 미디어의 성격에 따라 학생과 학부모의 반응이 부분 대립된다는 사실을 알 수 있다. 텔레비전, 인터넷, 온라인 게임과 같이 학생들이 가장 많이 접하는 미디어들의 경우, 학생들의 답변은 미디어의 긍정적인 효과에 치우친 경향이 있고, 학부모들의 의견은 부정적인 효과에 치우친 경향이 있었다. 텔레비전의 경우, 부정의 의견은 학생 21.7%, 학부모 48.8%로 학부모들에게서 높게 나타나고, 긍정의 의견은 학생 37.3%, 학부모 15.6%로 학생들에게 높게 나타났다. 반대로 상대적으로 접촉 빈도가 낮거나 낮은 선호도를 보이는 신문, 광고, 만화, 책 등은 학부모들의 의견이 학생들의 의견과 비교해 보았을 때, 부정적 경향은 낮고, 긍정적 경향은 높게 나타났다.

그러나 더 큰 문제는 신문이나 책을 제외한 다른 미디어들에 대해서는 대부분 부정적인 인식을 많이 가지고 있다는 것이다. 중립적인 의견을 제외하면, 유익하지 못하다거나 부정적인 영향을 미친다는 의견이 유익하다거나 긍정적인 영향을 미친다는 의견보다 우세했다. 이것은 미디어의 교육적 가치를 모색하는 노력이 부족했기 때문으로 분석된다. 예를 들어, 광고의 경우, 설득 텍스트로서 언어 교육의 좋은 소재로 사용이 되고 있지만, 학생들은 광고가 별로 유익하지 못하다는 생각을 가진 응답자가 전체의 61.4%나 되었다. 이것은 학생들에게 광고는 프로그램의 사이사이에 위치하면서 보고 싶은 프로그램을 빨리 보려는 자신들의 의사를 방해하는 미디어로 인식하고 있는 것이다. 이러한 문제점을 해결하기 위해서는 미디어 교육에 대한 필요성을 인식시키고, 미디어 교육의 구체적인 목표를 설정하고 교수-학습 방법과 좋은 미디어 수업을 위한 전략을 모색해야 할 것이다. 왜 미디어에 대해 배워야 하는지를 알고, 어떤 내용의 미디어를, 어떤 방법과 전략으로 배우느냐에 따라 미디어가 부정적이지만은 않다는 학생들과 학부모들의 인식의 전환을 가져올 수 있는 것이다.

5.3. 학생과 학부모의 교육적 요구와 교사의 교수 의지 대립

학생과 교사, 학부모를 대상으로 학교 교육에서 미디어 교육을 수용할 필요성이 있느냐는 질문에 대해 교육적 필요성에 대한 인식과 각 집단의 이해관계를 고려한 응답을 얻어낼 수 있었다.

〈표 5-3〉 미디어 교육의 필요성에 대한 집단별 인식

조사 집단	매우 필요할 것 같다	조금 필요할 것 같다	별 필요 없을 것 같다	전혀 필요 없을 것 같다	보통이다	계
학생	24.8	35.8	8.2	5.0	26.2	100.0
교사	16.3	52.5	27.5	2.5	1.3	100.0
학부모	32.9	60.6	5.8	0.7		100.0

조사 결과를 살펴보면, 미디어 교육의 필요성은 학생과 교사보다 학부모들의 요구가 많은 것으로 드러났다. 미디어 교육이 필요하다고 응답한 학생의 비율은 60.6%이고, 교사는 68.8%, 학부모는 93.5%로 학부모의 교육적 요구가 높게 나타났다. 학생들의 중립적인 의견은 26.2%로 비교적 높은 수치를 나타냈기 때문에 다른 집단과 1:1 대응 비교가 좀 어려운 점을 고려하여, 중립적인 응답이 1.3%에 불과한 교사 집단과 중립적인 응답이 전혀 없는 학부모 집단만 비교하면, 교육의 수요자와 공급자의 견해 차이를 쉽게 엿볼 수 있다. 미디어 교육의 필요성에 대해 68.8:93.5(%)로 학부모들이 필요성을 더 강하게 느끼고 있었으며, 미디어 교육의 불필요성에 대해서는 30.0:6.5(%)로 교사들이 미디어 교육의 공교육화에 반대하는 의견이 학부모보다 매우 많았다.

교육의 수요자와 공급자 사이의 이러한 구도는 미디어 수업의 의향에서도 나타난다. 교사와 학생을 대상으로 미디어 수업을 교

실에서 실시하거나 받을 의향이 있는지 묻는 질문에 대해 다음과 같은 결과를 보였다.

〈표 5-4〉 교사와 학생의 미디어 수업 의향

가르칠 의향	하겠다	하지 않겠다	미디어 교육을 위한 전담 교사가 필요할 것 같다	생각을 해 봐야 할 것 같다	계
교사 비율	49.5	19.8	7.5	23.2	100.0

배울 의향	매우 받고 싶다	받고 싶은 생각이 조금은 있다	보통이다	별로 받고 싶은 생각은 없다	받고 싶은 생각이 전혀 없다	계
학생 비율	17.6	36.2	28.3	10.9	7.0	100.0

교사들에게는 미디어 교육을 위한 교재, 지침서, 연수가 제공된다면 미디어 수업을 실시할 의향이 있는지 여부를 물었고, 학생들에게는 아무런 조건 없이 미디어 수업을 받을 의향이 있는지를 물었다. 교사는 가르칠 의향이 있다는 교사가 전체의 49.5%였고, 학생들 중 미디어 수업을 받고 싶다는 학생은 53.8%였다. 중립적인 의견이 교사는 23.2%, 학생은 28.3%인 것을 감안하면, 미디어 수업에 대한 수용 의사는 학생들이 교사들보다 더 높은 것을 것으로 판단된다. 또한 교사의 응답 중 '하지 않겠다', '전담 교사에게 맡기겠다'는 의견이 27.3%로 이들은 미디어 수업에 대한 수용 의사가 없는 것으로 보면, 학생의 거부 비율 17.9%보다

약 10% 가량 높은 비율이다.

미디어 교육의 필요성에 대한 인식이나 미디어 수업에 대한 인식에서 학생과 학부모의 교육적 요구에 교사들이 부응하지 못하는 가장 큰 이유는 새로운 영역을 새로 익혀서 가르쳐야 한다는 부담감이 작용한 것으로 판단된다. 그러나 미디어 교육의 필요성은 학생과 학부모 집단뿐만 아니라 교사도 공감하는 것으로 나타났다. 결국 교사들에게 부담감을 최소화하고, 미디어 교육을 체계적이고 전문적으로 지도할 수 있는 장치들이 마련된다면 교육 주체 모두의 요구를 충족시킬 수 있는 체제가 성립되는 것이다. 체계적이고 일관성 있는 교육 내용을 선정하고 그것이 계획적으로 시행될 수 있는 교수요목(syllabus)과 지침서 등을 제공하여 미디어 교육을 위한 큰 틀을 마련하고, 양성 과정이나 연수 과정을 통해 교사들에게 충분한 연수를 제공하는 등 온라인과 오프라인을 다각적으로 활용하여 교사 스스로 연구할 수 있는 기회를 부여해야 한다.

참고 문헌

교육부(2015). 국어과 교육과정. 교육부 고시 제2012-74호.

강명희(2000). 「인터넷 학습자료 개발 모델」. 김영수 · 강명희 · 정재삼 편저, 21세기를 향한 교육공학의 이론과 실제. 교육과학사.

강상현 외(1996). 대중 매체의 이해와 활용. 한나래.

강숙희(1998). 「디지털 교과서의 설계를 위한 교육공학적 접근」. 『교육공학연구』 제14권 제1호. 한국교육공학회.

강인애(2000). 「또 다시 McLuhan인가?: 커뮤니케이션 이론과 교육공학의 관계 모색」. 『교육공학연구』 제16권 제3호. 한국교육공학회.

권성호 외(2002). 「초등학교 고학년을 위한 미디어 교육과정 개발에 관한 연구」. 『교육정보미디어연구』 제8권 제2호. 한국교육정보미디어학회.

권성호(1997). 「미디어 리터러시 교육과정 및 학습자료 개발에 관한 연구」. 『교육공학연구』제13권 제2호. 한국교육공학회.

권성호 · 심현애(2005). 「디지털 '생비자(prosumer)'의 수행영역 확대를 위한 미디어 리터러시 교육내용 설계 전략」. 『교육정보미디어연구』제11권 제2호. 한국교육정보미디어학회.

권순달(2000). 교육연구의 이해. 양서원.

권순희(2003). 「하이퍼텍스트를 통한 읽기 교육 개념의 재설정」. 『국어교육학연구』 제16집. 국어교육학회.

권형규(2000). 인터넷@교육. 푸른솔.

기선정 · 김광희(2004). 「미디어 교육 교재 내용 분석을 통한 미디어 교육의 정체성」. 2004 한국언론학회 가을학술대회 발표집. 한국언론학회.

김기태(1988). 「미디어 교육에 관한 연구」. 『언어문화연구』 제6집. 서강대학교 언론문화연구소.

김대행 외(2004). 방송의 언어문화와 미디어교육. 서울대학교 출판부.

김대행(1995). 국어교과학의 지평. 서울대학교 출판부.

김대행(1998). 「매체언어교육론 서설」. 『국어교육』□제97호. 한국국어교육연구학회.

김대현·김석우(1999). 교육과정 및 교육평가. 학지사.

김대희(2006). 깡통 속에서 국어 수업 꺼내기. 더존 E&H

김대희(2006). 「리터러시 개념의 확장에 관한 연구」. 『어문연구』. 제129호. 한국어문교육연구회.

김대희(2006). 「외국의 자국어 교육과정과 미디어 교육의 현황」. 한국어문교육학회 제36차 학술대회 발표문. 한국어문교육학회.

김도남(2003). 상호텍스트성과 텍스트 이해 교육. 박이정.

김동환 외(2000). 「매체 언어와 국어교육: 매체 언어의 소통원리와 교육적 대상화의 방법」. <연구보고서 2000-5>. 서울대학교 국어교육연구소.

김병성(1996). 교육연구방법. 학지사.

김석우(1997). 교육연구법. 학지사.

김성벽(2001). 「환경으로서의 미디어에 대한 연구」. 중앙대학교 언론연구소 정기세미나 자료집. 중앙대학교 언론연구소.

김성벽(2002). 웹 미디어 경험과 커뮤니케이션 경험에 대한 연구:

미디어생태학적 연구관점을 중심으로. 중앙대학교 신문방송학과 박사 학위 논문. 중앙대학교.
김양은(1998). 「매체 발달에 따른 리터러시 개념의 변화」. 중앙대 언론연구소 정기세미나 자료집. 중앙대학교 언론연구소.
김양은(2000). 미디어 환경변화에 따른 미디어교육에 관한 연구: 한국의 미디어교육의 실행 모색. 중앙대학교 신문방송학과 박사 학위 논문. 중앙대학교.
김양은(2003). 「미디어 교육의 어제, 오늘 그리고 미래」. 제1차 미디어교육 국내 심포지엄. 한국언론학회.
김양은(2005). 「리터러시 관점에서의 미디어교육에 관한 연구: 언어로서의 미디어에 대한 인식을 중심으로」. 『한국언어문화』. 제27집. 한국언어문화학회.
김양은 · 안정임(2004). 「미디어교육 개념 및 학교 미디어교육의 방향」. 한국언론학회 미디어교육위원회 미디어교육 컨퍼런스(2004년 1차). 한국언론학회.
김영순 외(2004). 미디어 교육과 사귐. 나남출판사.
김영순(2005). 미디어와 문화 교육. 한국문화사.
김은정(2001). 「미디어와 교육 패러다임의 관계 고찰」. 『연세교육연구』 제14권 제1호. 연세대학교 교육연구소.
김인식(1996). 최신 교육과정 및 평가. 교육과학사.
김정자(2002). 「국어교육에서 미디어 교육의 수용」. 『국어교육학연구』 제15권. 국어교육학회.
김종훈(2004). 「온라인 게임의 문제점과 개선 방안」. 『초등교육연구』. 제8집. 제주교육대학교 초등교육연구원.
김태환(2000). 국어과 텔레비전 리터러시 교육 방안 연구: 텔레비전 뉴스를 중심으로. 서울대학교 석사 학위 논문. 서울대학교.
김형정(2002). 「한국어 입말 담화의 결속성 연구」. 『텍스트언어학』 제13호. 한국텍스트언어학회.
김희동(2005). 국어 교과에서의 미디어 교육 수용 방안 연구. 서울교육대학교 교육대학원 석사학위논문. 서울교육대학교.
깨끗한 미디어를 위한 교사운동(2003). 희한한 수업. 좋은교사.
나정순(2001). 「매체의 활용과 작문 교육」. 『국어교육연구』 제8권. 서울대학교 국어교육연구소.
노명완 외(1994). 국어과 교육론. 갑을 출판사.
노명완 외(2004). 「교과용 도서 내적 체제 개선에 관한 연구」. <연구보고서 04-01>. 한국교과서연구재단.
노은희(2002). 「대중 문화의 국어교육적 의의」. 『국어교육학연구』. 제15집. 국어교육학회.
목영해(2001). 디지털 문화와 교육. 문음사.
박길자(2004). 미디어로 사회문화 현상 읽기. 미디어 교육과 사귐. 연극과 인간.
박도순 외(1999). 「교과서 백서 개발 연구」. <연구보고서 99-1>. 한국교과서연구재단.
박성익 외(1999). 교육 방법의 교육 공학적 이해. 교육 과학사.
박영목(2002). 「협상을 통한 의미 구성과 협동 작문」. 『국어교육』. 107집. 한국국어교육연구학회.
박영순(2004). 한국어 담화 · 텍스트론. 한국문화사.
박인기 외(2000). 국어교육과 미디어 텍스트. 삼지원.
박인기(1996). 「독서와 매체환경」. 『독서연구』 창간호. 한국독서학회.

박인기(2002). 「문화적 문식성의 국어교육적 재개념화」. 『국어교육학연구』 제15집. 국어교육학회.

박인기(2003). 「미디어 현상의 교육적 수용과 교육과정론적 의의」. 2003년 한국언론학회 학술대회 자료집－세계의 미디어 교육과 우리의 과제. 한국언론학회.

박정순(1995). 대중 매체의 기호학. 나남.

박찬길(2000). 「정보화 시대의 인문학－과학주의의 도전과 새로운 인문학의 가능성」. 『기호학연구』☐제7권. 한국기호학회.

방인태 외(2000). 제7차 교육과정을 위한 초등 국어과 교육. 박이정.

서유경(2003). 「국어과 교육과정과 정보통신기술의 통합을 위한 내용 체계 고찰」. 『국어교육학연구』 제17권.

성동규 · 라도삼(2000). 인터넷과 커뮤니케이션, 한울아카테미.

성태제(1998). 교육연구방법의 이해. 학지사.

스가야 아키코 저(2001). 안해룡 · 안미라 역(2001). 미디어 리터러시(미국, 영국, 캐나다의 새로운 미디어 교육 현장 보고). 커뮤니케이션북스.

신헌재 외(1996). 국어과 교수 · 학습 방법. 박이정.

신헌재 · 이재승(1994). 학습자 중심의 국어 교육. 박이정.

심광현 · 김미현 외(2003). 「영상문화교육 교육과정 기초 연구」. <연구보고서 2003-3>. 영화진흥위원회.

심상민(2003). 국어 교과 내 미디어 교육 수용 현황 및 수용 방향 연구. 서강대학교 석사 학위 논문. 서강대학교.

안정임 · 전경란(1999). 미디어 교육의 이해. 한나래.

양미경(2003). 교육과정 및 교수방법. 교육과학사.

옥현진(2002). 국어과 매체 문식성 교육에 관한 연구. 고려대학교 석사 학위 논문. 고려대학교.
우한용 외(2003). 신문의 언어 문화와 미디어교육, 서울대출판부.
원진숙(2003). 「국어과 교육에서 생태학적 관점의 이해」. 『생태학적 국어과 평가 방안-한국학술진흥재단 지원 과제』.
윤정민(2003). 매체 문식성 교육을 위한 국어과 교재 구성에 관한 연구. 고려대학교 석사 학위 논문. 고려대학교.
이경섭 등(1990). 교과목 설계의 이론과 실제. 교육과학사.
이경화(2000). 「학교 교육으로 매체 언어를 실행하는 방안」. 『한국어문교육』 제9권 제1호. 한국교원대학교 한국어문교육연구소.
이경화(2000a). 「매체 언어의 국어 교재화 방안」. 『한국초등국어교육』 제17호. 한국초등국어교육학회.
이경화(2000b). 「학교 교육으로 매체 언어를 실행하는 방안」. 『한국어문교육』 제9권 제1호. 한국교원대학교 한국어문교육연구소.
이관규(2003). 광고와 국어교육. 국어교육학연구 제17집. 국어교육학회.
이삼형 외(2000). 국어교육학. 소명출판사.
이성호(2004). 교육과정 개발의 원리. 학지사.
이재기(2001). 주체, 문식성, 그리고 이데올로기, 국어교육학연구 제12집, 한국국어교육학회.
이재승(2000), 「정보화사회와 독서교육」, 『독서연구』 5호.
이정춘(2002). 「미디어 교육으로서 독서 교육에 관한 연구」. 『한국출판학연구』 제44호. 한국출판학회.
이정춘(2004). 미디어교육론. 집문당.

이창덕(2003). 「라디오 방송과 국어교육」. 『국어교육학연구』 제17집. 국어교육학회.
이채연(2001). 「인터넷의 매체언어성과 국어교재화 탐색」. 『국어교육』 제104호. 한국국어교육연구학회.
이태영 외(2000). 언어와 대중 매체. 신아출판사.
임규혁(1996). 학교 학습 효과를 위한 교육심리학. 학지사.
전국국어교사모임(2001). 중학교 1학년을 위한 우리말 우리글. 나라말.
전국국어교사모임(2002a). 중학교 2학년을 위한 우리말 우리글. 나라말.
전국국어교사모임(2002b). 고등학교 1학년을 위한 우리말 우리글. 나라말.
전국국어교사모임(2003). 중학교 3학년을 위한 우리말 우리글. 나라말.
전국국어교사모임(2005). 국어시간에 매체 읽기. 나라말.
정대현(1999). 「넓은 기호의 영상-영상은 비지성적인가」, 한국기호학회 학술대회 자료집. 한국기호학회.
정현선 외(2005). 교과 교육과 미디어 교육. 한국언론학회 편(2005). 학교로 간 미디어. 다홀미디어.
정현선(1998). 「인문학으로서의 국어국문학/사회과학으로서의 국어교육 연구」. 『국어교육연구』 제5권. 서울대학교 국어교육연구소.
정현선(2002). 「성찰적 문화 교육으로서의 미디어 리터러시 교육」. 『국어교육학연구』 제14권. 국어교육학회.
정현선(2004a). 「디지털 리터러시의 국어교육적 고찰」. 『국어교육학연구』 제21집. 한국국어교육학회.

정현선(2004b).「청소년 대상 미디어 교육 현황 및 제도화 논의에 대한 비판적 고찰」.『한국청소년연구』□제15권 제1호. 한국청소년개발원.

차배근(1999). 매스 커뮤니케이션 효과이론. 나남출판.

최미숙(2000).「정보화 시대의 국어 교과서 개발 방향–매체를 중심으로」.『국어교육학회 제13회 학술발표대회 자료집』. 국어교육학회.

최병우 외(2000).「매체언어와 국어교육: 매체 언어의 교수–학습 방법에 관한 연구」. <연구보고서 2000–6>. 서울대학교 국어교육연구소.

최영환(1998), 「매체변화에 대응하는 국어교육」, 『국어교육』 98호, 한국국어교육연구회.

최인자(2001).「문식성 교육의 사회 · 문화적 접근」.『국어교육연구』 제8권. 서울대학교 국어교육연구소.

최인자(2002).「다중문식성과 언어문화교육」.『국어교육』□제109호. 한국국어교육학회.

최지현(2000), 「매체언어이해론을 위한 근본논의」, 독서학회 2000년 여름 세미나자료집.

최창섭(1990). 인간과 미디어 환경–미디어교육이란 무엇인가. 성바오로출판사.

최현섭 외(2005). 국어교육학개론. 삼지원.

한국교육과정평가원(2005).「국어과 교육과정 개정 시안 공청회 자료」. <연구자료 ORM 2005–56>. 한국교육과정평가원.

한국언론학회 미디어교육위원회(2005). 학교로 간 미디어. 다훌미디어.

한정선(2000). 「21세기 교사를 위한 멀티리터러시 교육」. 『교육과학연구』 제31권 제3호. 이화여자대학교 교육과학연구소.

한정선(2000). 「미디어 교육의 새로운 해석과 접근-멀티리터러시」. 『교육공학연구』 제16권 제2호. 한국교육공학회.

한정선(2001). 「e-leaning 시대의 매체와 방법의 의미 재고」. 『교육공학연구』 제16권 제4호. 한국교육공학회.

홍봉화 외(2000). 멀티미디어 교육과 활용. 인솔 미디어.

홍완선(2003). 「국어 교사들이 펼치는 매체 교육-초·중·고 교육현장 속에서 미디어 교육: 미디어 교육 사례 발표와 활성화 방안을 중심으로」. 한국언론학회 제2차 미디어 교육 국내 심포지엄. 한국언론학회 미디어교육위원회.

홍후조(2002). 교육과정의 이해와 개발. 문음사.

황민선(2002). 「도서의 디지털화에 따른 독서 양식의 변화 연구」. 『한국출판학연구』 제44호. 한국출판학회.

황정규(1984). 학교 학습과 교육 평가. 교육과학사.

A. Silberblatt 외(1999). *Approaches to Media Literacy*. M. E. Sharpe.

A. Silverblatt 외(1999). 송일준 역(2004). 미디어 리터러시 접근법. 차송출판사.

A. Silverblatt(2001). *Media Literacy: Keys to Interpreting Media Messages*. PRAEGER.

B. Drowns(1997). '*Electronic Texts and Literacy for the 21C*'. 『English Update』 Fall. National Research Center on English Learning and Achievement.

C. Bazalgette, E. Bevort & J. Savino(1992), *New Directions:*

Media Education Worldwide. BFI.

D. Baacke(1973). *Kommunikation und Kompetenz, Grundlegung einer Didaktik der Kommunikation und ihrer Medien.* Muenchen

D. Baacke(1997). *Medienpaedagogik,* Niemeyer. Tuebingen.

D. Buckingham(2000). 정현선 역(2004). 전자매체 시대의 아이들. 우리교육.

D. Buckingham(2003). 기선정 · 김아미 역(2004). 미디어 교육(학습, 리터러시, 그리고 현대문화). jnBook.

D. M. Considine(1995). *Are we there yet? An update on the media literacy movement.* Education Technology. July~August.

E. Noelle-Neumann(1974). *The spiral of silence: A theory of public opinion.* Journal of Communication, 24(2).

G. Davey(1989). 변홍규 외 역(1998). 생태학적 학습이론. 학지사.

G. Salomom(1979). *Interaction of Media, Cognition, Learning.* Jossey Bass.

H. Moser, *Einfürung in die Medienpöagogik-Aufwachsen im Medienzeitalter.* 이정춘 역(1999). 『미디어교육론-미디어 시대에 성장하다』

H. Zettle(1995), *Video Basics.* Wadsworth.

J. Bowker(ed.)(1991). *Secondary Media Education; A Curriculum Statement.* London: British Film Institute.

J. Buddenbaum(1981). *Media Awareness/Education Programs.* 『LWF DOCUMENTATION』. The Lutheran World Federation, Department of Communication Publication office.

J. Davis(1992). *Media Literacy: From activism to exploration.* Background paper for the National Leadership Conference on Media Education. MD: The Aspen Institute.

J. L. Singer & D. G. Singer(1983). *Implications of Childrenhood Television Viewing for Cognitive, Imagination and Emotion,* in J. Bryant & D. R. Anderson(eds). *Children's Understanding of Television: Research on Attention and Comprehension.* Academic Press.

J. Meyrowitz(1985). *No Sense of Place: The Impact of Electronic Media on Social Behavior.* New York: Oxford University Press.

J. Meyrowitz(1996). *"Taking McLuhan and 'Medium Theory' Seriously: Technological Change and the Evolution of Educatkion",* in S. T. Kerr(eds), *Technology and the Future for Schooling.* University of Chicago Press.

J. Potter(2001). *Media Literacy.* Sage Publications.

K. S. Young(1998). *Caught in the Net.* 김현수 역(2000). 나눔의 집.

K. Swan(1999). Nonprint Media and Technology Literacy Standards for K-12 Teaching and Learning. National Research Center on English Learning and Achievement.

L. Mastman(1985), *Teaching the Media.* Comeda.

M. McLuhan(1964). *Understanding Media: The Extensions of Man.* 김성기 · 이한우 옮김(1994). 미디어의 이해. 민음사.

M. Nerlich(1990). *Quest-ce quun iconotexte? in Iconotext, Paris: Ophrys.* 박일우(1995). 「글과 그림」. 문화와 기호. 문학과 지성사.

Ministry of Education, Ontario, Canada(1995). *The Common Curriculum: Provincial Standards Language, Grades 1~9.* Ontario Ministry of Education.

Ministry of Education, Ontario, Canada(2006). *The Ontario Curriculum Grades 1-8 "Language".* http://www.edu.gov.on.ca

N. Postman(1992). 김균 역(2001). 테크노폴리: 기술에 정복당한 오늘의 문화. 민음사.

New London Group(1996). '*A Pedagogy of Multiliteratices: Designing Social Futures*'. Harvard Educational Review. vol. 66.

P. Aufderheide(1993). A Report of the National Leadership Conference on Media Education. MD: The Aspen Institute.

P. Messaties(1994). *Visual 'Literacy': Image, mind, and reality.* Westview Press.

R. Abeln(1989). *Wie gehen wir in der Familie mit den Medien um.* Donauwörth.

R. B. Ruddell(2002). *Teaching children to Read and Write.* Allyn and Bacon.

R. Hobbs(1998). *"Expanding the Concept of Literacy"*, in Robert Kubey(eds), *Media Literacy in the Information age.* Transaction Publisher.

R. Kubey 외(2002). Thinking Critically About Meida: Schools and Families in Partnership. Six Perspectives and a

Conversation. Cable in the Classroom.

S. J. Baran(2004). Introduction to mass communication. McGraw-Hill.

S. Tella(1998). *The Concept of Media Education Revisited: From a Classificatory Analysis to a Rhizomatic Overview.*

UNESCO(1984). Media Education . International Film and Television Council.

UNESCO(2001). Outlooks on Children and Media. Children and Media Violence Yearbook 2001. The UNESCO International Clearinghouse on Children and Violence on the Screen, Nordicom, and Göteborg Univ.

W. J. Ong(1982). *Orality and Literacy: The Technologizing of the Word.* London: Routledge.

[부록 1] 학생용 설문지

설 문 지

이 설문은 초등학생의 미디어 이용 실태를 파악하기 위한 목적으로 제작되었으며, 그 이외의 어떠한 다른 목적으로도 사용되지 않을 것을 약속드립니다. 개인의 정보 보호를 위해 이름을 밝히지 않고 설문을 실시할 것이며, 정확한 실태 파악을 위해 성심성의껏 답변해 주시기 바랍니다.

1. (　　　) 초등학교 (　) 학년

2. 성별: 남 (　) 여 (　)

3. 여러분이 접하는 미디어 중 **접촉 횟수나 시간이 많은 것 5개**를 골라 ○표 하세요.

(1) TV (　) (2) 인터넷/게임 (　) (3) 신문 (　)
(4) 잡지 (　) (5) 책 (　) (6) 만화책/영화 (　)
(7) 영화 (　) (8) 광고 (　) (9) 라디오 (　)
(10) 기타 (　　　) - 위에 해당사항이 없는 것은 적어 주세요.

4. 다음의 미디어들을 하루에 이용하는 시간은 평균적으로 얼마 정도 됩니까?

순서	미디어의 유형	주중(월-금)	주말(토-일)
1	TV	(　　)시간 (　　)분	(　　)시간 (　　)분
2	인터넷	(　　)시간 (　　)분	(　　)시간 (　　)분
3	온라인 게임	(　　)시간 (　　)분	(　　)시간 (　　)분
4	신문	(　　)시간 (　　)분	(　　)시간 (　　)분
5	광고	(　　)시간 (　　)분	(　　)시간 (　　)분
6	만화책/만화영화	(　　)시간 (　　)분	(　　)시간 (　　)분
7	책	(　　)시간 (　　)분	(　　)시간 (　　)분

5. 다음의 미디어들에 대한 교육을 받은 경험이 있는지 표시해 주세요.

순서	미디어의 유형	교육 경험의 유무
1	TV	1 2 3
2	인터넷	1 2 3
3	온라인 게임	1 2 3
4	신문	1 2 3
5	광고	1 2 3
6	만화책/만화영화	1 2 3
7	책(교육용/교양용)	1 2 3

1: 거의 없었음.
2: 몇 번 있었음.
3: 자주 있었음.

6. 다음의 미디어들을 좋아하는 정도를 표시해 주세요.

순서	미디어의 유형	선 호 도
1	TV	1 2 3 4 5
2	인터넷	1 2 3 4 5
3	온라인 게임	1 2 3 4 5
4	신문	1 2 3 4 5
5	광고	1 2 3 4 5
6	만화책/만화영화	1 2 3 4 5
7	책(교육용/교양용)	1 2 3 4 5

1: 매우 싫어함.
2: 조금 싫어함.
3: 보통임.
4: 조금 좋아함.
5: 매우 좋아함.

7. 다음의 미디어들에 대해 유익한 정도를 표시해 주세요.

순서	미디어의 유형	유익한 정도
1	TV	1 2 3 4 5
2	인터넷	1 2 3 4 5
3	온라인 게임	1 2 3 4 5
4	신문	1 2 3 4 5
5	광고	1 2 3 4 5
6	만화책/만화영화	1 2 3 4 5
7	책(교육용/교양용)	1 2 3 4 5

1: 전혀 도움이 안 됨.
2: 별로 도움이 안 됨.
3: 보통임.
4: 조금 도움이 됨.
5: 매우 도움이 됨.

8. 다음의 미디어들을 어떠한 태도로 받아들이는지 표시해 주세요.

순서	미디어의 유형	수용 태도
1	TV	1 2 3 4 5
2	인터넷	1 2 3 4 5
3	온라인 게임	1 2 3 4 5
4	신문	1 2 3 4 5
5	광고	1 2 3 4 5
6	만화책/만화영화	1 2 3 4 5
7	책(교육용/교양용)	1 2 3 4 5

1: 보거나 즐기면서 뭔가를 생각한다는 게 귀찮음
2: 별다른 생각없이 그냥 보거나 읽거나 즐김
3: 잘못된 점이나 고칠 점을 가끔은 생각함
4: 잘못된 점이나 고칠 점에 대해 생각하며 보는 경향이 있음
5: 적극적인 자세를 지니고 보거나 읽거나 즐기는 내용을 새롭게 해석하려 노력함

9. 미디어에 대한 교육을 학교에서 실시한다면 수업을 받고 싶은 생각이 있습니까?

(1) 매우 받고 싶다. ( ) (2) 받고 싶은 생각이 조금은 있다. ( )

(3) 보통이다. ( ) (4) 별로 받고 싶은 생각은 없다. ( )

(5) 받고 싶은 생각이 전혀 없다. ( )

- 수고하셨습니다.

[부록 2] 교사용 설문지

설 문 지

이 설문은 '초등학생들의 미디어 이용 실태 파악과 미디어 교육'이라는 연구의 일환으로 선생님들의 미디어 교육에 대한 인식 조사를 위해 작성되었습니다. 연구 이외의 다른 목적으로는 사용하지 않을 것을 약속드리며, 정확성과 신뢰도를 높이기 위해 익명으로 설문을 실시할 것이니 성심성의껏 답변해 주시기 바랍니다.

※ 다음 문항을 읽고 해당하는 곳에 √ 또는 ○로 표시해 주시기 바랍니다.

1. 연령 : ① 20～29세 ② 30～39세 ③ 40～49세 ④ 50～59세 ⑤ 60세 이상

2. 성별 : 남 ( ) 여 ( )

3. 담당 학년: ( ) 학년

4. 교직 경력
① 5년 미만 ② 5～10년 ③11～15년 ④ 16～20년
⑤ 20년 이상

5. 다음의 미디어들에 대해 가르친 경험의 유무(최근 3년)와 그 이유, 가르칠 필요성이 있는지에 대해 어떤 의견을 가지고 계시는지 표시해 주시기 바랍니다.

순서	미디어의 유형	가르친 경험의 유무 (최근 3년)	가르친 이유 (가르친 경험이 있는 분만)
1	TV	1 2 3	1 2 3
2	인터넷	1 2 3	1 2 3
3	온라인 게임	1 2 3	1 2 3
4	신문	1 2 3	1 2 3
5	광고	1 2 3	1 2 3
6	만화책/만화영화	1 2 3	1 2 3
7	책(교육용/교양용)	1 2 3	1 2 3
		1: 거의 없었음. 2: 몇 번 있었음. 3: 자주 있었음.	1: 교육과정에 있어서 2: 어쩌다가 우연히 3: 교육과정을 떠나 교육적 필요성을 느껴서

미디어 교육은 미디어(TV, 인터넷, 신문, 잡지, 책, 광고, 만화, 게임, 영화 등)에 대한 기본적인 이해를 바탕으로 미디어가 전달하는 메시지를 해석하고 비판하며 활용하는 능력을 신장시키는 교육을 말합니다. 이것은 컴퓨터를 이용한 ICT 교육이나 정보통신 소양교육과는 다른 개념이며, 미디어를 통한 교육이 아니라 미디어 자체가 교육의 대상이 된다는 점이 그 본질입니다.

6. 위에 정의한 미디어 교육에 대해 어느 정도 알고 계셨습니까?

① 전혀 몰랐다. ② 다른 개념으로 알고 있었다.

③ 읽거나 들어본 적은 있다. ④ 잘 알고 있었다.

7. 미디어 교육을 공교육에 도입할 필요가 있다고 생각하십니까?

① 전혀 불필요하다. ② 다소 불필요하다.

③ 다소 필요하다. ④ 매우 필요하다.

⑤ 모르겠다.

8. 만약 공교육에 미디어 교육을 도입한다면, 국어 교육에 수용하는 것에 대해 어떻게 생각하십니까?

① 매우 부적절 ② 부적절 ③ 적절

④ 매우 적절 ⑤ 모르겠다

* ① 또는 ②에 답을 하신 분은 8-1. 문항에 답을 해 주시고,

③ 또는 ④에 답을 하신 분은 8-2. 문항에 답을 해 주시기 바랍니다.

8-1. 미디어 교육을 국어 교육에서 수용하는 것이 바람직하지 않다고 생각하신 이유는 무엇입니까?

① 국어 교육의 내용으로 부적합하기 때문에

② 국어 교과보다는 다른 교과에 더 적합하다고 생각하기 때문에

③ 독립 교과로 인정하는 것이 더 바람직하다고 생각하기 때문에

④ 내용에 따라 가르치는 교과목을 달리해야 할 필요성이 있기 때문에

⑤ 기타 ( )

8-2. 미디어 교육을 국어 교육에서 수용하는 것이 바람직하다고 생각하신 이유는 무엇입니까?

① 미디어도 하나의 언어 체계이기 때문에

② 국어 교육 말고는 미디어 교육을 가르칠만한 교과가 없기 때문에

③ 다른 나라도 그렇게 하기 때문에

④ 그냥 그래야 할 것 같아서

⑤ 기타 ( )

9. 미디어 교육을 위한 교재와 교사용 지침서, 교사 연수가 제공된다면 미디어 교육을 실시하실 의향이 있으십니까?

① 하겠다. ② 하지 않겠다.

③ 미디어 교육을 위한 전담 교사가 필요할 것 같다.

④ 생각을 해 봐야 할 것 같다.

- 수고하셨습니다.

[부록 3] 학부모용 설문지

설 문 지

> 이 설문은 '초등학생들의 미디어 이용 실태 파악과 미디어 교육'이라는 연구의 일환으로 부모님들의 미디어 교육에 대한 인식 조사를 위해 작성되었습니다. 연구 이외의 다른 목적으로는 사용하지 않을 것을 약속드리며, 정확성과 신뢰도를 높이기 위해 익명으로 설문을 실시할 것이니 성심성의껏 답변해 주시기 바랍니다.

※ 다음 문항을 읽고 해당하는 곳에 √ 또는 ○로 표시해 주시기 바랍니다. 설문에 대한 답변은 학생의 보호자 신분으로 설문에 응하시는 분을 기준으로 작성해 주시면 됩니다.

1. 보호자의 연령

① 20~29세 ② 30~39세 ③ 40~49세
④ 50~59세 ⑤ 60세 이상

2. 보호자의 성별 : 남 ( ) 여 ( )

3. 거주지 : ( )시 ( )구 ( )동

4. 피보호자(자녀)의 학년 : ( ) 학년

5. 다음의 미디어들이 자녀들에게 미치는 영향력 정도와 질을 각각 표시해 주시기 바랍니다.

순서	미디어의 유형	영향력 정도	영향력의 질
1	TV	1 2 3 4 5	1 2 3 4 5
2	인터넷	1 2 3 4 5	1 2 3 4 5
3	온라인 게임	1 2 3 4 5	1 2 3 4 5
4	신문	1 2 3 4 5	1 2 3 4 5
5	광고	1 2 3 4 5	1 2 3 4 5
6	만화책/만화영화	1 2 3 4 5	1 2 3 4 5
7	책(교육용/교양용)	1 2 3 4 5	1 2 3 4 5

1: 전혀 영향력이 없음.
2: 거의 영향력이 없음.
3: 보통임.
4: 다소 영향력이 있음.
5: 매우 큰 영향을 미침.

1: 매우 부정적
2: 다소 부정적
3: 긍정도 부정도 아님
4: 다소 긍정적
5: 매우 긍정적

6. 미디어가 자녀에게 미치는 긍정적인 영향력은 어떤 부분에서 두드러진다고 생각하십니까?

① 학습 ② 사고 ③ 삶의 질
④ 생활 패턴 ⑤ 기타 ( )

7. 미디어가 자녀에게 미치는 부정적인 영향력은 어떤 부분에서 두드러진다고 생각하십니까?

① 학습 ② 사고 ③ 삶의 질
④ 생활 패턴 ⑤ 기타 ( )

8. 자녀들이 다음의 미디어를 접할 때 보호자(부모님)께서는 어떤 태도를 취하십니까?

순서	미디어의 유형	보호자의 태도
1	TV	A B C D E
2	인터넷	A B C D E
3	온라인 게임	A B C D E
4	신문	A B C D E
5	광고	A B C D E
6	만화책/만화영화	A B C D E
7	책(교육용/교양용)	A B C D E

A : 자녀가 이용하는 대로 내버려 두는 편이다.
B : 가급적 접촉을 막는 편이다.
C : 자녀가 접하는 내용이나 태도에 따라 수시로 교육을 한다.
D : 접촉을 차단하거나 권하고 싶을 때에 시도는 하지만 자녀의 의견을 우선시한다.
E : 접촉을 차단하거나 권하고 싶을 때에 보호자의 의견을 우선시한다.

미디어 교육은 미디어(TV, 인터넷, 신문, 잡지, 책, 광고, 만화, 게임, 영화 등)에 대한 기본적인 이해를 바탕으로 미디어가 전달하는 메시지를 해석하고 비판하며 활용하는 능력을 신장시키는 교육을 말합니다. 이것은 컴퓨터나 인터넷을 이용한 정보통신 활용교육이나 정보통신 소양교육과는 다른 개념이며, 미디어를 통한 교육이 아니라 미디어 자체가 교육의 대상이 된다는 점이 그 본질입니다.

9. 위에 정의한 미디어 교육에 대해 들어보신 적이 있으십니까?

① 있다. ② 없다.

10. 학교에서 미디어 교육을 실시할 필요가 있다고 생각하십니까?

① 필요성을 전혀 못 느낀다. ② 별 필요가 없다고 생각한다.
③ 다소 필요하다고 생각한다. ④ 매우 필요하다고 생각한다.

10-1. 왜 미디어 교육이 불필요하다고 생각하십니까? (10번에서 ①, ②번에 답을 하신 분만)

① 학업 성취나 성적과는 관련이 없기 때문에

② 다른 과목을 가르치는 시간을 나눠 할애해야 하기 때문에

③ 미디어가 학교에서 가르칠 교육 내용이라고 생각하지 않기 때문에

④ 또 다른 교육 내용을 추가하는 것은 학생들에게 부담이 되기 때문에

⑤ 기타 ( )

10-2. 왜 미디어 교육이 필요하다고 생각하십니까? (10번에서 ③, ④번에 답을 하신 분만)

① 사고력 신장에 도움이 될 거라 믿기 때문에

② 미디어에 대한 비판적인 시각을 키울 수 있기 때문에

③ 지식 축적이나 학습에 도움을 줄 수 있기 때문에

④ 미디어로부터 보호해야 할 필요성이 있기 때문에

⑤ 기타 ( )

- 수고하셨습니다.